JN430706

와세다대학의 개혁

재정의 독립 없이 학문의 독립 없다

재정의 독립 없이 학문의 독립 없다

와세다대학의 개혁

早稲田 再生

세키 쇼타로關昭太郎 와세다대학 부총장 저
전호환 부산대학교 총장 역

부산대학교출판문화원

WASEDA SAISEI

Written by Shotaro Seki

Copyright © 2005 Shotaro Seki
Korean translation copyright ©2020 by Pusan National University Press
All rights reserved.
Original Japanese language edition published by Diamond, Inc.
Korean translation rights arranged with Diamond, Inc.
through BC Agency

이 책의 한국어판 저작권은 BC Agency를 통해
ダイヤモンド社와 독점 계약한 ㈔부산대학교출판문화원이 소유합니다.
저작권법에 의하여 한국 내에서 보호를 받는 저작물이므로 무단 전재 및 복제를 금합니다.

목차

저자 서문

일본 대학의 반성과 개혁

저의 저서 '와세다 재생-재정의 독립 없이 학문의 독립 없다'를 한국에서 출판해 주셔서 진심으로 감사드립니다. 저는 와세다 대학 부총장 시절에 매년 한국을 방문하였습니다. 한국 대학의 발전과 노력에 감격하였고 학생들의 수업평가는 일본보다 앞서 있었습니다. 와세다 대학이 배워야 할 점도 많아서 참고하였습니다. 존경하는 한국의 대학 관계자로부터 많은 가르침을 받았습니다. 한국어판이 출판되어 한국의 대학 관계자분들에게 도움을 드릴 수 있다면 더할 나위 없는 행복일 것입니다.

저는 와세다 대학을 졸업하고 일본에서도 유명한 증권회사를 정년퇴임까지 근무하여 사장이 되었습니다. 그 후에 와세다 대학 오쿠시마 타카야스奧島孝康 전 총장의 부름에 재무담당 이사가 되었고 와세다 대학의 재무개혁에 착수하였습니다. 당시의 많은 대학들은 고액 채무를 지고 교수의 자질도 낮아 교육개혁도 할 수 없는 상황이었습니다.

저는 12년간 재무를 담당하면서 5백억 엔이나 되었던 채무를 8년 만에 거의 완제하였습니다. 그 당시 와세다 대학의 수업이 약 9백 억 엔이었으니 얼마나 상태가 심각했는지 이해하실 수 있을 것입니다. 은행 이자는 낮추고 학내 경비를 매년 5%씩 삭감하였습니다. 이와는 반대로 교육연구비는 증액하였습니다. 나아가 수업료 이외의 사업 수입을 늘렸습니다.

한국과 사정은 다르겠지만 일본의 대학 재정을 악화시킨 것은 ①은행 ②교수회 ③노동조합이었습니다. 은행은 오랫동안 대학을 통해 이익을 얻었지만 감사하는 마음 없이 계속해서 융자를 권했습니다. 이를 손쉽게 받아들인 대학 경영진도 문제입니다.

더욱이 일본의 대학은 인사 채용권한이 교수회에 있었습니다. 교수들은 자신보다 우수한 학자를 채용하려 하지 않습니다. 이 점이 일본의 대학 수준을 저하시켰습니다. 또 노조는 임금과 예산에 개입하여 대학의 재무가 위기에 직면하였습니다. 저는 오쿠시마 총장의 지시로 이 세 가지 문제를 개선하기 위해 착수하였습니다.

와세다 대학의 급여, 교육연구 조건, 연금은 일본의 사립대학 중에서도 가장 높은 수준입니다. 재무 상태는 양호하고 노조도 합리적으로 되었습니다. 그렇지만 여전히 많은 문제가 남아있습니다.

현재 일본에는 782개의 대학이 있습니다. 이 중 정원을 채우지 못한 대학이 40%에 달합니다. 2016년에는 18세 인구가 백만 명을 넘었지만 2040년에는 80만 명으로 감소합니다. 130개교의 대학이 경영위기에 직면할 것입니다. 이로 인해 국공립대학의 합병이 시작되었습니다.

일본에서는 대학의 재편통합을 피할 수 없게 되었습니다. 일본의 대학은 ①거버넌스 개혁 ②재정 독립 ③재무, 회계의 투명성 확립, ④교육개혁 ⑤교수개혁을 무시했기 때문에 대학 간 경쟁에서 살아남지 못하는 대학이 늘어나고 있습니다.

문부과학성은 이러한 상황을 개선하기 위해 학교교육법 93조를 개정하고 교수회의 결정권을 폐지하였습니다. 교수회의 권한은 커리큘럼, 입학, 졸업, 연구 등을 토의하는 정도로 제한되었습니다. 교수회의 결정권한이 상실된 것입니다. 특히 교수 채용권한은 대학총장과 본부로 넘어갔습니다.

대학의 권한은 학장, 총장과 대학본부에 집중되었습니다. 그러나 법률이 개정되어도 제재규정이 없어 여전히 구태의연한 대학도 적지 않습니다.

대학은 모든 이해관계자에게 교육과 연구, 경영수준과 비전을 제시하지 않으면 살아남지 못합니다. 일본의 대학이 국제적으로 높은 평가를 받기 위해서는 학생들을 꿈꾸게 하고 국제수준의 교수를 초빙하며,

지속적인 개혁을 통해 투명성을 높이는 것이 요구됩니다.

본 책이 한국 대학 개혁에 조금이나마 도움이 되었으면 합니다.

2019년 6월

세키 쇼타로關昭太郎

역자 서문

1994년 일본 와세다대학의 부총장으로 초빙되어 모교로 간 저자 세키 쇼타로는 '대학에는 운영만 있고 경영이 필요하지 않다.'라는 교직원들의 목소리에 매우 놀랐다고 한다. 수익을 추구하는 증권회사의 최고경영자였던 그로서는 당연했다. 대학에 경영이 과연 필요한가? 이 질문은'대학은 평가와 경쟁이 필요한가?'라는 질문과 동일할 수 있다. 경영이란 유무형의 모든 자산을 이용하여 성과를 극대화하는 의사결정 프로세스이기 때문이다. 대학의 기능과 목적은 사회에서 필요로 하는 인재를 양성하고 지식을 생산하는 것이다. 이러한 목적과 성과를 극대화하기 위해서는 당연히 경영이 필요하지 않은가.

우리나라 대학의 위기 담론이 시작된 지는 오래되었다. 2019년 작년 우리나라의 출생자 수는 30만 3천여 명으로 지속가능국가 임계선인 30만 명을 간신히 넘었다. 18년 후에는 이들이 대학에 진학한다. OECD국가 평균 대학 진학률은 40%선이다. 이렇게 될 경우 12만여 명이 대학을 진학하는 셈이다. 2020년 대학입학정원이 56만여 명이니 대학 10개 중 8개가 문을 닫아야 한다. 이쯤이면 대학의 위기가 아니라 대학의 몰락이 아닌가.

작년 12월 국내에서 출간된 '총장의 고뇌'[1]는 사립대학 총장 12명의 절박한 교육 현장의 목소리를 담은 보고서이다. 당면한 대학의 위기를 극복하기 위해서는 무엇보다 교육 정책, 교육 방법, 교육 내용 등의 혁신이 필요하며, 이는 '융합'과 '자율'이라는 두 개의 키워드로 압축된다. 하지만 4차 산업혁명 시대의 고등교육을 위한 재정 부족을 모두가 크게 우려하고 있다. 반면 대학이 국가 경쟁력을 뒷받침하지 못한다는 사회적 비난에 대해서는 철저한 자기반성이 필요하다고 한다. 사람의 허리에 해당하는 지역대학이 10년 이내에 붕괴되어 지역도시가 사라지면 국가의 미래도 없다는 목소리에 우리 모두는 귀를 기울여야 한다.

역자인 나는 1994년부터 부산대학교 교수, 선도연구센터장, 발전재단 상임이사, 부총장 등을 역임하고 2016년부터 총장으로 봉직하면서 국립대학의 현실을 누구보다 잘 파악하고 있다. 대학사회 특히 국립대학 교수들의 폐쇄적 사고방식과 경직성은 놀라울 만큼 강하다. 물론 이러한 수직적 사고방식이 평생 하나의 학문을 파고들게 하는 힘일 수 있다. 하지만 기술의 발달로 지식의 유효기간이 급격히 짧아지면서 교수의 지력智力 수명도 짧아졌다. 사회가 요구하는 이 시대 대학의 책무는 새로운 지식을 만들어 내는 창신創新을 넘어 창업創業과 창직創職에 기여하라는 것이다. 대학의 위기는 외부요인보다 변화를 거부하는 교수들, 즉 내부요인이 더 암적인 위협이 되고 있다.

지난 4년간 대학 총장으로서 가장 어려웠던 부문은 재정확충이었다. 우리나라 대부분의 대학 총장들도 동일한 생각과 고민을 갖고 있다. 성과는 일반적으로 투입재정에 비례하지 않은가. 미국 대학에서 총장의 능력은 기부금 모금 순이라고 해도 틀린 말이 아니다. 대학

---

1) 김도연 외 지음, 2019, 나남.

에서 줄기차게 요구하는 자율성도 재정의 독립 없이는 불가능하다.

이 책의 원제原題는 '와세다 재생再生'이고 부제는 '재정의 독립 없이 학문의 독립 없다'이다. 저자 세키 쇼타로는 와세다 상과대학을 졸업하고 40년 동안 증권회사에 근무하면서 최고경영자CEO까지 오른 인물이다. 이 책은 저자가 1994년 모교로부터 부총장으로 부름을 받아 10년 간 대학의 재정 개혁을 총괄 지휘하여 파탄 직전의 대학을 부활시킨 개혁의 기록 보고서이다. 저자는 낭비와 비능률에 허덕이던 대학 재정에 과감히 메스를 대어 근육질로 탈바꿈시키며 일본 사회로부터 큰 주목을 받았다. 차입금(부채) 축소를 통한 이자지출 감소, 유휴자산 매각과 활용으로 자산운용수입 증대, 원가 및 소모비용 절감 등 개혁정책을 과감히 추진했다. 그 결과 방만하고 부실하다고 손가락질 받던 대학의 재정 상태는 신용평가회사로부터 최상위 바로 아래 등급(AA^{+})을 받을 만큼 눈부시게 탈바꿈했다. 당시 일본의 대학 환경이 최악으로 치닫고 있는데도 말이다. 학령인구 급감으로 1990년대 후반부터 정원을 채우지 못하는 대학이 급증하여 2004년에는 150개교(전체의 30%)로 늘었다. 저자는 21세기 교육에 필요한 교육시설 투자는 과감히 늘리고, 대학정보의 투명한 공개와 이해관계자의 경영 참여를 통해 대학 거버넌스 제도 확립 등 일본 대학에 '경영'을 도입한 인물로 평가 받고 있다.

우리나라 국립대학의 재정지원은 OECD국가 중 최하위 수준이다. 그나마 대학 특성에 맞게 총장이 재정을 자율적으로 집행할 수 있는 권한조차도 없다. 교수 채용 권한도 학과 교수들이 쥐고 있다. 국립대학 총장이 '경영자'가 아니고 '집행자'로 불리는 이유이다. 총장 4년의 경험에서 체험한 나의 딜레마는 '총장의 고뇌'에 묘사된 다

음의 글과 다르지 않다:

연구실은 작은 왕국이고, 교수는 누구도 건드리지 못하는 영주다. 이러한 교수들을 통제하거나 연구실 외부의 법칙을 적용할 수단과 권한이 총장에게는 없다. 회의주의와 개인주의로 무장한 교수들에게는 통하지 않기 때문이다.

나는 비관론자가 아니다. 오히려 절대적 긍정론자이다. 4년간의 무거운 총장 임무를 나름대로 최선을 다하면서 즐거운 마음으로 수행했다. 하고자 하는 것은 많았지만 이루지 못한 것도 적지 않다. 하지만 대학이 가야 할 방향은 제시했다고 자부한다. 이 책은 대학 개혁의 일부를 다루고 있다. 일본 최고의 사립대학이 어떻게 재정개혁을 이루고 교직원들에게 경영 마인드를 심었는지를 이해하는 데 도움이 될 것이라 생각하고, 본받을 만하다. 대학의 위기를 외부 탓으로만 돌리지 말고, 이 책에서 보여주듯 스스로의 개혁과 혁신에 더 주목하길 바란다. 개혁은 내부로부터 시작해야 한다. 대학의 재정은 하늘에서 떨어지는 공짜가 아니기 때문이다.

초벌 번역에 도움을 주신 김광성, 김봉정, 조수현, 이상봉 교수, 교정 교열을 해주신 정연숙 교수께 감사드립니다. 또한 어려운 출판문화원을 맡아 경영 정상화를 이룬 곽춘종, 박정심 원장에게도 감사드리고 편집 디자인을 해주신 배영미 선생에게도 감사를 드립니다.

2020년 3월, 새벽벌曉原 문창대文昌臺에서

부산대학교 제20대 총장 전호환

제1장

와세다대학의 위기

오쿠시마奧島 총장으로부터의 요청

1994년 10월 5일, 차기 총장에 막 선출된 오쿠시마 타카야스奧島孝康에게서 롯폰기六本木에 있었던 내 개인 사무실로 전화가 걸려 왔다.

"중요한 이야기가 있습니다. 세키關씨의 자택으로, 16일 일요일에 방문해도 괜찮으시겠습니까?"

오쿠시마 교수와는 일면식도 없었기 때문에 무슨 이야기인지 내용을 상상할 수조차 없었다. 그런데 와세다대학의 제14대 총장에 취임하게 되는 오쿠시마 교수가 나의 집을 방문한다는 것은 상식적으로 생각해도 예의에 벗어나는 것이다. 그래서 내가 오쿠시마 교수를 방문하기로 하고 그 자리에서 전화를 끊었다.

그리고 10월 16일 오후 2시, 나는 오랜만에 모교인 와세다대학 캠퍼스를 방문했다. 그다지 변하지 않았다는 인상을 받았지만, 오쿠마大隈강당에 인접한 자리에 그해 막 준공한 오쿠마大隈회관은 처음 보는 건물이었다. 이 건물 2층 205호실에서 약 1시간 정도 오쿠시마 교수와 이야기를 나누었던 것이다.

그때 오쿠시마 교수는 이렇게 말을 끄집어냈다.

"지금까지의 와세다 모습에 대해 되돌아보면, 지금이야말로 새로운 시대를 향해 개혁해 나가지 않으면 안 됩니다. 이를 위해 나와 함께 재정 개혁·대학 개혁을 추진해 갈 사람을 찾고 있습니다. 세키關씨에게 꼭 도움을 받고 싶습니다만 ……"

경영자이면서 경영에 대해 잘 알고 있는 사람이 오쿠시마 교수가 생각하고 있는 인재의 조건이었다.

"경영자라면 와세다 졸업생 중에 많이 있지 않습니까?"라고 나는 여쭈었다.

“그러나”라고 오쿠시마 교수는 말했다.

“경영을 잘 알면서 이를 실천해 온 경영자는 그렇게 많지 않습니다. 당신은 오랫동안 긴 세월 고생하시면서 회사를 경영해 오셨습니다. 나를 도와줄 사람은 고생을 해 본 경영자가 아니면 안 됩니다. 고생해서 경영을 하면서도, 끊임없이 전향적으로 일을 처리하고 있는, 그런 사람을 찾고 있는 것입니다. 그런 사람은 세키關씨 말고는 없습니다.”

오쿠시마 교수에 관해서는 상법의 대가라고 어렴풋이 듣고 있었지만, 사람의 됨됨이까지는 알지 못하였다. 그러한 나에게 갑자기 중책을 요청하셔서 매우 놀랐다.

그 당시, 일단은 ‘이것은 거절하지 않으면 안 되는 문제구나’라고 생각했다.

나는 학교경영에 종사한 적이 없다. 따라서 학교가 어떠한 재정 상황으로 움직이고 있는가는 어슴푸레 파악하고 있었지만, 자세한 것은 전혀 알지 못한다. 예를 들면, 기업경영과 학교경영은 숫자의 표현 방식이 전혀 다르다. 기업경영의 표현 수단은 대차대조표이고, 손익계산서이며, 그 외의 상황도 유가증권보고서로 상세하게 보고되고 있다. 누구나 알 수 있는 표현 수단을 통해 회사의 현황을 이해하고, 경영 전략을 입안하며, 주주가 무엇을 요구하고 있는가를 헤아리면서, 혹은 시대적 요구를 감지해 가면서 경영에 종사하고 있다.

그런데 학교경영에는 많은 사람들에게 신뢰 받는 세련된 표현 방법이 없다. 내부 사정이나 다른 학교의 상황도 모른다. 교편을 잡은 적도 없다.

나에게는 학교경영을 받아들일 자신이 없었다. 더구나 와세다대학은 많은 대학 중에서도 대기업에 견줄 정도의 규모와 외형을 가지고 있다. 오래되고 큰 조직일수록 개혁은 쉬운 일이 아니다. 아마도 기업의 개혁보다도 힘이 들 것이다. 학교경영을 해본 적이 없는 인간이 대기업에 필적하는 와세다대학의 경영을 갑자기 의뢰 받는다고 쉽사리 받아들일 수 있는 것이 아니다. 이런 생각을 주저하면서 말씀드렸다.

그러자 오쿠시마 교수는 곧바로 이렇게 말씀하셨다.

"세키關씨도 와세다의 졸업생이지 않습니까? 모교가 어려움에 처해있을 때 도와줄 수 없다고 말하는 것은 곤란해요."

문자로 표현하면 반 공갈 같은 예의 없는 말투로 들리지만, 와세다대학을 향한 깊은 애정에서 나온 말이었다. 역시 그것은 모교에의 애정을 공유하는 와세다의 동문 동지이기 때문에 스스럼없이 말할 수 있는 것이다. 나도 와세다 동문의 모임에서 무언가를 부탁할 때는 예의에 벗어난 말투로 말할 때도 있다.

그때 오쿠시마 교수의 성품을 알았던 것 같다. 대단히 열의에 차서 말씀을 하시고, 중요한 것에 대해서는 정말로 몸을 던져서 부딪쳐 나간다. 행동력이 있고, 사명감과 열정이 넘쳐날 정도로 차고 넘치고 있다. 그것은 아주 강한 의지에 의해 뒷받침되는 것이었다. 이 정도로 대학에 강한 애정을 갖고 있는 총장은 지금까지 만난 적이 없었다. 이러한 총장이라면, 함께 일하는 것이 보람일 수 있고 나의 경영 방침을 이해하여 함께 개혁해 나갈 것이라고 확신했다.

기나긴 싸움의 시작

나는 야마타네山種증권에 있을 때 개혁, 개선, 활성화에 전력을 다해 몰두했던 경험이 있었다. 기업가로서의 커리어는 인사, 재무, 경리, 회계 등 이른바 지키는 부문에 45%, 개인영업, 영업본부, 법인영업, 영업점 총괄 등 이른바 영업부문에 55%. 즉 관리와 영업을 모두 충분히 경험하고 있었고, 당시 회사 내에서는 "세키關씨는 수륙양용형"이라고 불리고 있었다.

그런 경험 때문인지 어느 정도 이야기를 듣고 있으면 상대가 신뢰할 수 있는 사람인지 아닌지는 직감적으로 알 수 있었다. 오쿠시마奧島 교수라면 함께 일을 할 수 있을 것 같다고 느낀 나의 판단에는 확신이 있었다.

오쿠시마奧島 교수로부터 이사 취임을 요청 받았을 당시, 나는 야마타네증권의 사장직을 이미 퇴임하고 있었다. 회사 경영의 경험을 살려 경영컨설턴트라도 시작해볼까 생각하고 있었다. 실제로 어느 회사의 고문을 수락하기도 하였고, 옛 동료들로부터도 대기업에 대한 조언 등 여러 가지 요청을 받고 있었다. 그러나 나는 나의 경영 방침이 그 기업에 맞는지 아닌지를 경영 요청을 수락할 때의 판단기준으로 삼았다. 판단 기준에 맞지 않는 기업을 돕는 것은 아무리 유명한 기업일지라도 수락하지 않기로 했다. 상장기업인 논뱅크의 회장직 등의 제의도 있었지만 모두 거절했다.

나는 자신이 가지고 있는 지식과 경험을 살려서, 당면한 문제나 장기적인 경영 과제에 대해서 전력으로 정열을 쏟지 않으면 마음을 놓지 못하는 성격이다. 단지 일이 있기 때문이라든지, 수입이 좋아서라든지, 사회적인 지위가 높기 때문이라든지 하는 이유로서는 움직일 마음이 생기지 않는 것이다.

그러고 있을 때 '이 사람과 함께라면 할 수 있어'라고 여겨지는 오쿠시마奧島 교수로부터의 제안이 있었다. 소중한 모교가 재정 위기에 빠져 있다고 한다면, 만사 제쳐 두고서라도 재건에 도움이 되어야겠다는 마음이 드는 것은, 지금 되돌아보면 자연스러운 흐름이기도 했다. 돈만으로는 절대로 마음이 움직이지 않는다. 이사 취임을 수락할 당시 와세다대학으로부터 보수에 관해서는 구체적인 이야기를 듣지도 않았다.

내가 가장 잘하는 분야에서 모교의 재정 위기를 구하자. 이러한 경위로 수락한 재정담당 상임이사, 이것이 와세다 재건의 기나긴 싸움의 시작이었다.

기업 사회의 상식이 통하지 않는 세계

제일 먼저 한 일은 1994년 11월 1일에 있었던 신구 이사 인수인계를 위한 간담회였다. 모두 20명 정도의 이사가 모여 2시간 정도 이야기를 나누었다. 그때 전임자가 입을 열자마자, 이렇게 말했다.

"세끼關씨는 와세다의 재정을 알고 있습니까?"

당연히 잘 모른다고 대답하니,

"수년 후에는 방대한 적자, 아마도 천억 엔을 넘는 적자가 될 것입니다. 이런 실정에 놓여 있는 와세다의 재정 개혁 일을 잘도 수락하셨군요." 등과 같이 몹시 심한 이야기를 늘어놓기 시작했다.

사무를 인수인계할 때에는 회사든 학교든 내용은 별반 다르지 않는 법이다. "내가 다하지 못한 과제는 이만큼 있으니, 나의 목표가 달성될 수 있도록 최선을 다해 주십시오." 라든가, "이 목표는 달성되었지만, 이것은 좋지 않았다."라는 이야기를 하는 것이 상식인 것이다. 그런데 첫 대면에 갑자기 장래를 위협하는 이야기를 꺼내는 것을 보고 아주 무례한 사람이구나라고 생각했다.

"그러면 어떠한 개선과 개혁이 필요합니까?"라고 물어보았지만 구체적인 대답은 돌아오지 않았다. 나에게는 이때의 경험이 그 후의 개혁·개선을 촉진해 가는 큰 탄력이 되었다. 경영 감각을 가진 인간으로서, 적자가 천억 엔이라고 한다면 무리해서라도 절반 정도인 500억 엔 정도로 줄여 볼까 하는 강한 투지가 솟아나는 것은 정상적이다.

"천억 엔 정도로 놀라서는 경영자로 일할 수 없어요. 특별히 큰 문제는 아니지 않습니까?"

마지막에는 이렇게 위세를 떨었다.

이 담당자는 나중에 학생이 독자인 신문의 인터뷰에서 "재무는 뒤따라가는 것이니까."라고 대답하고 있었다. 즉, 재무 일은 "교학에서 요구하는 금액을 금융기관에서 조달하고, 변제하는 것이다."라고 말하는 것이다. 나아가, "예산의 작성이나 신규 계획의 책정에 관해 발언할 권리가 없기 때문에 부채는 자신들의 책임은 아니다."라고 변명한 것이다. 이런 방식으로는 채무가 증가할 수밖에 없다. 채무액을 관리해서 다음 세대를 준비한다고 하는 매니지먼트의 개념은 좀처럼 없었던 것이다. 전임자가 이러하니, 역대 재무담당 책임자에게 과연 「대학 거버넌스[University Governance]」라는 사고방식이 있었을까 하는 의문이 들었다.

대학 거브넌스란 말하자면 대학 통치 시스템이다. 대학을 효율적이고 건전하게 경영하기 위해서는, 학생에 대한 서비스가 충분한가, 재정이 건전하게 운영되고 있는가? 등과 같은 대학의 활동 전반에 경영책임자가 신경을 쓰고, 대학의 이해관계자에게 분명하게 설명할 수 있는 체제를 만들지 않으면 안 된다. 이러한 사고방식이 역대 책임자에게는 결여되어 있지 않았는가 하고 느꼈던 것이다. 그리고 내 자신이 개혁하지 않으면 와세다의 재정이 정말 붕괴해 버릴 것 같은 위기감이 강하게 들었다.

대학으로 돌아와서 가장 먼저 느낀 것은 이것이다. 나중에 차차 알게 된 것이지만, 다른 대학에도 공통으로 대학 경영에는 뿌리 깊은 문제가 있다는 것이다. 그것은 일본의 대학에서는 재정이 독립하여 책임을 지는 체제로 되어 있지 않고, 거기에 상징되는 것처럼 「경영」이라는 개념도 없다는 것이다. 문부성(현 문부과학성)의 감독을 따라가는 호송선단방식과 기득권에 편승하는 안일주의의 조직, 이것이 수십 년을 살아온 민낯 그대로의 모습이었다.

계속된 회의가 특이하였던 것만은 아니었다. 이사에 취임해 얼마 동안은 기업 사회에서 길러온 상식이 전혀 통용되지 않아서 꽤 고생을 하였다. 때로는 "세끼關씨 서둘지 말아 주세요. 세끼주의(이즘)는 착실하게 침투되고 있어요."라고 오꾸시마 교수로부터 격려를 받는 일도 있었다. 마찬가지로 나의 지시나 명령으로 업무에 뛰어든 직원들도 당혹해 했다. 저항세력의 표적이 되는 경우도 한두 번이 아니기 때문에, 고생을 했던 것이다.

내가 어려워했던 점은 우선 속도가 느리다는 점이었다. 그것도 아주 느렸다. 다음으로는 낭비가 너무 많고, 기득 권익이라는 핑계가 통용되는 사회라는 점, 마지막으로 누구도 책임을 지지 않는 조직체계, 즉 한마디로 경영 개념이 없다는 점이다. 만약 기업이 이러한 환경에 처해 있으면 하루아침에 위기에 직면하게 될 것이다. 규제로 보호되어 온 대학이기 때문에 특수한 핑계가 허용되었던 것에 불과했다. 요컨대 나는 다른 세계에 들어와 버린 것이다.

만성피로를 일으킨 교육체제

당시의 와세다대학은 특히 중요한 「교육」에 관해서도 누적된 피로를 일으켜 기능이 잘 작동하지 않고 있었다. 편차치偏差値(표준점수)에 따른 경쟁에만 몰두해 오면서, 입학한 학생들의 질을 높이는 교육을 해 왔다고 말할 수 있을까?

산업계에서는, 특히 1980년대 말 이후부터는 불황을 극복하기 위해 모든 기업이 개혁·개선을 죽기 살기로 해 오고 있고, 그러한 상황은 현재도 계속되고 있다. 국가나 지방공공단체에서조차 임금 조정이 이루어지고 있다. 그 과정에서 피를 흘리고, 땀을 흘리고, 눈물을 흘리는 이른바 「삼류流주의」의 험난한 경영에 도전해 왔다.

경기가 직접적으로 영향을 주지 않는다고 하는 특수성은 있지만, 실로 대학도 같은 문제에 직면하고 있었다. 1990년을 전환점으로 대학의 경영에도 큰 변화가 요구되었던 것이다. 그것은 18세 진학 인구의 감소와 그것에 수반되는 대학 경영의 변화, 단적으로 말하면 감소하는 수험생의 쟁탈전이었다. 교육기관의 서비스도 파는 시장에서 사는 시장으로 변하고, 모든 조직에 변화와 혁신이 요구되고 있었다. 당시에 이미 변혁을 위해 전면 재고조사를 하지 않으면 안 되었던 것이다.

전면 재고조사란, 모든 자산·부채(인적불량채권, 즉 부채 감정에 계상하지 않으면 안 되는 교직원과, 자산에 계상할 수 있는 교직원 등 개념적인 것도 포함해서 생각하는)의 밸런스 시트를 만들어, 이를 시대의 요청에 맞춰 재구축하는 경영을 실시하지 않으면 안 된다는 것이다.

이런 시대에, 고등교육의 조직이나 시스템은 오래된 것, 구태의연해서 바뀌지 않는 것에 손을 대지 않은 채 느긋해 하고 있었다. 무사태평한 이야기인 것이다.

와세다대학을 비롯한 모든 고등교육 기관은 호송선단방식과 기득 권익을 유지하면서, 스스로 바꾸려는 노력을 하지 않는 조직, 그야말로 구세대의 유물인 것이다. 이러한 유물은 미래의 젊은 세대들에게 전해져서는 안 된다. 대학은 고객인 학생들에게 선택되는 입장이 되어 있다. 인건비나 제반 경비를 삭감해서라도 재원을 염출해서 학생을 위한 서비스를 충실하게 하지 않으면 안 된다.

그러한 한편으로, 새로운 길의 모색도 잊어서는 안 된다. 글로벌한 흐름 속에 놓여 있는 대학의 위치를 생각할 때, 대학에는 임무Mission나 열정Passion만이 아니라 유행Fashion이라는 사고방식도 필요로 한다. 여기서 유행Fashion이란 「시대적 요구의 반영」을 말한다. 시대를 반영한 교육과 연구를 하는 대학이 아니면 앞으로의 시대에는 살아남을 수 없다는 것이다.

이러한 변혁을 가능하게 할 토양으로서, 대학지배구조University

Governance가 있는가와 없는가는 중요한 포인트가 된다. 당시의 대학 경영에는, 그러한 어떤 것도 없었던 것이다. 그것이 대학 그 자체가 마치 만성피로를 일으키고 있는 것처럼 보이게 된 이유이다.

이제까지의 모든 대학 조직·이사회·본부·연구소·학부 조직이 「전면 재고조사」를 실시하여 구조조정과 개혁을 철저히 하지 않으면 전진할 수 없다. 그것이 산업계의 상식이며, 대학 개혁에도 적용할 수 있는 기본 이념일 것이다.

나는 내 자신에게 훈계하는 의미로, 무슨 일이 있을 때마다 도원道元선사가 말씀하신 ***"신심탈락身心脫落"***이라는 말을 떠올리곤 한다. '어떤 것에도 구애받지 않는 개방적인 사고방식, 고정화되지 않는 사고방식'이라는 의미이다.

여기에 이르기까지 대학은 도대체 무엇을 해 왔던 것일까? 교육에 종사하는 모든 관계자가 정말로 스스로 일을 좋아하고, 학생을 사랑하고, 정렬을 쏟아부어 왔던 것인가? 매우 의문스럽다. 한 사람 한 사람이 책임감을 가지고 경영에 임해 왔다면 부채가 천억으로 불어날지도 모른다는 위기적인 상황에는 빠지지 않았을 것이다. 성장하는 경제에 길들여져 온 톱니바퀴를 역회전시킬 수 없었던 대학인의 모습을 보면서, 너무나도 유감스럽게 생각했다.

이것이 산업계에서 커 온 나의 눈에 비친 최초의 대학 상이었다.

[위기에 이르게 된 경위 ①] 경기 상승기의 황금시대

대학으로 돌아온 나는 재무담당 상임이사로서 재무업무에 관계된 모든 과제, 즉「사람·물건·돈」의 과거와 현재, 그리고 조직에 관해 조사 분석해 보았다.

내가 계획에 참여하기까지의 수지구조가 어떻게 변화하여, 그것이 대학 경영을 어떻게 압박하고 있었는가를 간단히 검증해 보자.

【제1기】1984년~90년도의 재정 추이 (도표01A~B)

이 시기는 아직 경기 상승기의 자산 인플레이션 시대이다. 일본 경제가 미국을 능가한다는 환상이 넘쳐나던 시대였다. 산업계도 성장을 계속하여 국제화가 진행된 시대이기도 하고, 대학 경영도 순조로웠다.

이 기간에 18세 인구는 168만 명에서 200만 명으로 증가하여, 와세다대학의 수험생 수도 14만 명에서 16만 명 이상으로 증가하였다. 학생들의 등록금(이른바 학비수입)은 246억 엔에서 385억 엔으로, 139억 엔이나 증가하였다. 국가로부터의 보조금도 60억 엔에서 70억 엔으로 10억 엔 증가하였다.

전체 수지에서 고정자산 투자분을 제외한 경상적 수지를 나타내는 소비수지 전체를 보면, 소비수입이 339억 엔에서 514억 엔으로 175억 엔이나 증가하였으며, 소비지출은 349억 엔에서 519억 엔으로, 170억 엔 증가하였다. 거의 대부분의 지출 과목도 인플레이션 경향을 반영해 증가하고 있다.

대학 재정상 큰 사업은 대학설립 100주년 기념사업이었다. 기념사업을 위한 모금은 기부와 이자를 합쳐서 약 200억 엔이 모였다. 이 자금은 도코로자와[所沢] 의 인간과학부 개설, 신중앙도서관 건설 등의 사업에 투자되고, 그 외에도 교육연구 시설에 큰 투자가 이루어졌다.

[도표01] 신구집행부의 재정상황 비교 (100만엔)

과목	1984년도 (A)	1990년도 (B)	1995년도 (C)	제1기변화 (B-A)	제2기변화 (C-B)
소비수입					
학생납부금	24,578	38,493	42,152	13,915	3,659
수수료	3,798	5,132	4,347	1,334	-785
기부금	1,268	2,902	1,758	1,634	-1,144
보조금	6,016	6,980	8,695	964	1,715
자산운용수입	2,946	3,761	1,938	815	-1,823
자산매각차액	59	3,739	1	3,680	-3,738
사업수입	656	1,611	3,624	955	2,013
잡수입	932	2,145	2,250	1,213	105
귀속수입 합계	40,253	64,763	64,765	24,510	2
기본금 등 편입액 합계	-6,314	-13,334	-7,693	-7,020	5,641
소비수입의 부분합계	33,939	51,429	57,072	17,490	5,643
소비지출					
인건비	24,943	32,570	36,940	7,627	4,370
교육연구경비	8,015	15,664	19,781	7,649	4,117
관리경비	1,377	2,643	3,582	1,266	939
차입금 등 이자	576	858	2,162	282	1,304
자산처분 차액	1	149	99	148	-50
기타	30	53	44	23	-9
소비지출의 부분합계	34,942	51,937	62,608	16,995	10,671
당해연도 소비수지 차액	-1,003	-508	-5,536	495	-5,028
다음연도이월 소비수지 차액	-9,823	-16,988	-24,231	-7,165	-7,243
차연도이월 지불자금	11,199	16,164	15,701	4,965	-463
차입금 등 잔고	10,580	14,382	39,030	3,802	24,648
대 소비지출 지불이자율	1.6%	1.7%	3.5%		

이만큼이나 큰 수입이 있었던 시기였으니, 원래대로라면 내부 유보를 해야 했었다. 하지만 이를 하지 않고 역으로 차입금을 늘리고 있었다. 차입금 잔고가 106억 엔에서 144억 엔으로, 38억 엔(35.9%)이나 증가해 버렸다. 결과론이지만, 이자를 지불하기 위해 귀중한 모금 자금을 유출했다는 말을 들어도 어쩔 수 없는 회계처리였다.

[위기에 이르게 된 경위 ②] 디플레이션에 대응할 수 없었던 시대

【제2기】 1990년~95년도의 재정 추이 (도표01B~C)

이 시기는 버블경제의 붕괴로 일본 경제의 성장이 멈춰 경기하강 추세에 돌입한 시대이다. 개인, 기업, 국가에 있어 일본적인 구조가 만성피로를 일으켜, 전국의 토지 총 평가액이 2032조 엔에서 절반 이하인 900조 엔으로, 주식의 시가총액은 620조 엔에서 300조 엔으로 하락하는 등 자산가치가 격감하였다. 일본 경제도 대학 경영도 디플레이션 경향에 의해 매우 힘든 환경에 처하게 되었다.

와세다대학은 오쿠보大久保·토야마戸山 캠퍼스의 정비 사업을 한 것 이외에 인건비, 교육연구 경비가 크게 늘었다. 그 결과 수지 상황이 악화하여, 차입금 잔액이 144억 엔에서 390억 엔으로, 약 2.7배나 증가하였다. 일상적인 자금의 마이너스 상태, 기업에서 말하는 누적적자인 소비지출초과액은, 누계 240억 엔을 상회하는 초과 상태가 되어 있다. 재정적으로는 최악의 5년간이었던 것이다.

이 시기에, 대학 재정에 기여하기 위해서 토지 신탁사업이나 수익사업이 개시되었다. 1991년부터, 리가로얄호텔 와세다(2002년부터「리가로얄호텔 토쿄」로 개칭) 및 오쿠마大隈 회관 건설 착공, 1992년부터 니시와세다 빌딩의 임대업, 1994년부터는 고마자와駒沢의 맨션 임대업을 시작하였다. 다만 이것만으로는 밑 빠진 독에 물붓기로, 버블경제가 붕괴되어 가던 와중에 와세다대학에서는 재정 건전화를 위한 정책이 충분히 이루어졌다고 말할 수 없다.

대학은 버블경제 붕괴 후에도 경기 추세는 계속 상승해 갈 것이라고 생각했을 수도 있다. 그러나 산업계의 발목을 잡아 온 경영 파탄, 불량채권 증가와 같은 일이 학교라는「산업」에서도 당연히 일어날 수 있는 것이다. 경기추세는 계속해서 하향곡선을 그리고 있음에도 불구하고 만일의 사태에 대응하는 것을 잊어버렸다. 이 때문에 개혁·개선이 10년 이상이나 뒤쳐졌다고 하는 것이다. 경영 정책을 전환해야만 할 때에 하지 않았다. 1990년 이후의 재정 상황을 보면, 대학은 톱니바퀴가 역회전하고 있는 사실조차 몰랐던 것처럼 여겨진다.

와세다대학의 재정에는 다음과 같은 형태의「역회전」이 나타났다.

(1)입학 지원자 수의 격감. 1991년도(피크의 시기) 17만 명에서 1994년도의 13만 명으로, 4만 명이 감소했다. 금액으로는 1991년도 51억 엔에서 1994년도 44억 엔으로, 7억 엔이 감소했다.

(2)자산운용 수입은 피크 때 37억 엔이었던 것이 1994년도에는 22억 엔밖에 예상되지 못하여 2/3로 감소하였다. 그 이유는 말할 것도 없이 시장금리의 저하 등 운영 환경의 악화에 따른 것이다. 1990년도에 9.6%였던 자산운용 수익이 1994년도에는 3.6%로 감소하였다.

그런데 이러한 어려운 상황 속에서도 교육연구 환경은 개선하지 않으면 안 된다. 그 때문에 지출은 계속해서 증가하고 있다.

교원의 증원은 계속 이루어지고 있어, 전임교수 수는 1984년도의 1,013명에서 1995년도에는 1,143명으로, 130명 증가하였다. 또한 시간강사의 수도 1984년도의 1,683명에서 1995년도에는 2,318명으로, 635명이 증가하였다.

동시에 교직원의 인건비는 1991년도는 11억 엔 증가, 1992년도는 9억 엔 증가, 1993년도는 7억 엔 증가로, 증가율이 억제되고 있지만, 1994년도는 8억 엔 증가하였고, 사회보험료 개정이 있었던 1995년도에는 13억 엔 증가하고 있다.

이 시기의 특징은, 학생들의 납입금이 37억 엔 증가하는 데 머물러, 보조금이나 기부금 등을 합한 귀속수입의 합계는 1990년도와 95년도가 거의 같은 액수, 즉 늘어나지 않았다. 그런데 인건비·교육연구경비가 5년 동안 각각 40억 엔, 차입금 등 금리가 13억 엔 증가하는 등 소비지출의 합계가 5년간 107억 엔 증가하였다.

수입이 늘지 않고 지출이 증가한 당연한 결과로서, 5년간 누적소비수지 차액이 72억 엔 악화하여, 그 결손 보전을 포함한 차입금 잔고가 246억 엔 증가하였다.

390억 엔에 달한 차입금

기업과 대학은 사고방식이 물론 다르다. 철저하게 이윤을 추구하는 것이 기업이다. 역으로 공공의 교육을 지탱하는 것이 대학이라서 양자를 단순 비교하기는 매우 어렵다. 그러나 「사립대학」이라는 같은 업종끼리 비교하면, 당시의 재정이 위기적 상황이었다는 점을 확실히 알 수 있다.

[도표02]를 참조하기 바란다. 이것은 유력 사립대학 13개교의 1994년도 차입금을 비교한 그래프이다. 절대액이 390억 엔으로 압도적으로 높은 수치인 것뿐만 아니라 장기차입금 금리도 타 대학과 비교해 대략 2% 정도 높다.

또한, 당시의 13개교의 평균 부채 비율이 약 19.8%인데 비해 와세다대학은 55%로, 3배에 가까운 수치를 나타낸다. 더욱이 차입금 이자 비율은 평균이 0.8%이지만 와세다대학은 3%로, 그야말로 최악의 상태였다.

특히, 유이자 부채에 관해서는 복리의 자금으로 보아야 한다. 390억 엔의 차입금이라는 것은, 10년이 지나면 배로 늘어 대략 800억 엔

[도표02] 1994년도 유력 사립대학 13개교의 차입금 비교

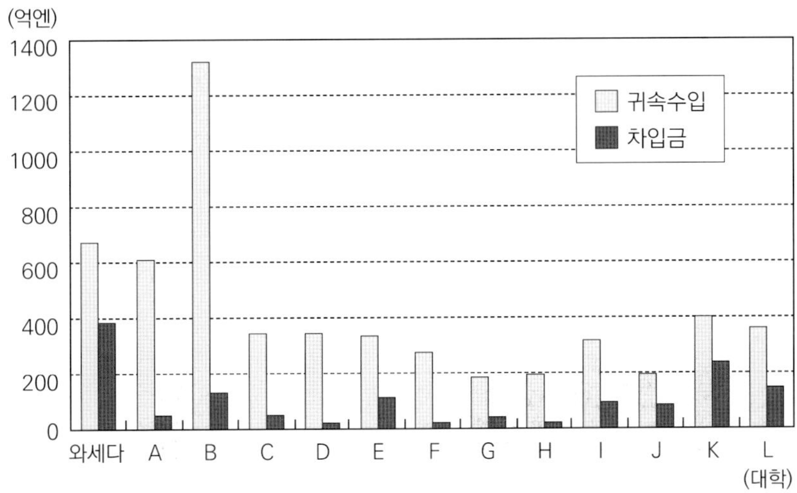

의 재정 부담이 된다. 그 당시의 차입금은 금리가 6.5%에 이르는 것도 있었다. 이러한 수준으로 10년간 빌리면 변제액은 배가 된다. 400억 엔 정도의 차입금을 10년간 그대로 두면 800억 엔으로 불어난다. 대학은 공익법인이기에 기업과 같이 대담한 차입과 변제 계획을 세울 수가 없다. 현재 상태로 추이를 예측해 보면, 대학의 영속성은 있을 수 없다고 직감했다.

그러한 때에 나는 대학의 재정을 담당하게 된다.

학내에 만연한 수많은 낭비

곧바로 시작하지 않으면 안 되는 것은 구조조정과 개혁이다. 이를 위해서는 현재 상태를 확실하게 파악하는 것부터 시작하지 않으면 안 된다.

재정담당 상임이사로 취임할 당시, 나는 신입생이 된 기분으로 매일 아침 9시부터 캠퍼스를 걸어서 돌았다. 대형 강의실, 연구실, 학부 사무실 등 대학의 구석구석까지 파고들었고, 때로는 의자에 앉아서 사람들의 움직임을 관찰하기도 하였다. 아직 내 얼굴을 아무도 몰랐기 때문에 경계감을 가지는 일은 없었다. 지나가는 사람들도 설마 재정담당의 책임자가 그곳에 있을 것이라고는 생각하지 않았을 것이다.

덕분에 본연의 모습을 잘 알 수 있었다.

현장에 공통적으로 있는 문제점은 학비를 지불한 고객인 학생들에 대한 서비스 의식의 결여이다. 어느 부서에서는 직원이 학생에게 위압적인 태도를 취하기도 하고 야단치기도 하였다. 이 직원은 와세다 졸업생이라 고객이 아닌 선배로서 학생을 대하고 있었던 것이다. 교수는 교수대로 연구실에 없으면서 에어컨이나 전기를 켜둔 채로 있다. 학생이 없는데도 강의실의 전기는 환하게 불을 밝히고 있고, 화장실 세면장의 수도꼭지를 틀면 물이 너무 세게 내뿜고 있다. 수압이 너무 세게 설정되어 있는 것 같다. 비용이나 책임 범위를 알 수 없게 되어 있다.

민간 기업의 관점에서 보면, 마치 사회주의 국가처럼 보였다. 지금도 그러한지 모르겠지만.

나는 현장을 관찰한 다음 과거의 재무제표를 상세하게 체크하였다. 그 결과 '와세다대학의 재정은 충격적인 위기에 빠져 있구나'라고 직감하였다. 기업이라면 벌써 도산했을 상태였던 것이다.

대학 경영의 기본은 기업과 다를 바가 없다. 「교육과 연구」와 그것을 뒷받침하는 「재정」의 두 바퀴가 항상 밸런스를 잘 맞추면서 회전하여 나아가는 것이다. 그러나 「재정」에 대한 위기의식이 전체적으로 결여되어 있다고 생각하지 않을 수 없는 내용이었다.

당시는 각 캠퍼스 정비를 마치고, 마침 메인 캠퍼스인 니시 와세다 캠퍼스의 정비 사업에 돌입하고 있었던 시기이다. 재정적으로 대학 전체의 수입 규모가 670억 엔이었는데, 인건비 등 지출 총액은 680억 엔으로 10억 엔의 마이너스 상태였다. 지출 초과가 반쯤은 상식으로 되어 있어, 소비지출 초과액이 누계 187억 엔에 달하고 있었다.

더욱 경악한 것은 390억 엔이 넘는 차입금 잔고와, 연간 22억 엔에 가까운 차입금 이자였다. 앞서 이야기한 것처럼, 대학 재정은 1991년도에서 1992년도쯤부터 변조의 기미가 나타나기 시작해 1995년도에 이르러 두드러지게 되었다. 위기는 단 5년에 들이닥친 것이다.

이러한 상황에서도 교육연구 환경의 정비는 가장 중요한 과제이며, 재정이 어렵다고 해서 시설 계획을 모두 순연할 수는 없는 일이다. 학생 수가 감소하는 시기가 되면 학생이 대학을 고른다. 사회가 요구하는 인재 양성을 하지 않으면 학생을 모을 수 없게 되는 것이다. 이러한 상황에 처한 대학은 과거의 유산만으로 먹고 살 수는 없고, 와세다대학 교육연구 시스템의 내용(질)이 문제시되게 되는 것이다.

와세다 재생을 향한 결의

당시, 나는 다음과 같은 미래예측 계획을 세웠다.

2005년도에는 18세 인구가 136만 명이 되어, 와세다대학의 수험자 수는 8만 명대로 감소한다. 그것은 십 수억 엔의 수입 감소로 이어진다. 구조 개혁에 의존하지 않고, 아무것도 손대지 않은 채 그대로의 추이를 예상하자면, 10년 후인 2005년도에는 소비지출 초과액의 누계가 1,014억 엔으로, 자금수지에 있어 다음 연도로 이월되는 자금은 230억 엔에서 250억 엔의 마이너스로 되어 버린다. 1995년의 시점에서도 아주 불건전한 상태에 있었지만, 이렇게 되면 완전히 경영 파탄이다(첨부자료 1 「대학재정의 현황—과거·현재·미래에 관해서」는 당시 재정에 대한 생각을 숨기지 않고 기술한 것으로, 타 대학 경영자로부터도 아주 좋은 평가를 받고 있다).

그렇지만 나는 다시 고쳐 세울 수 있다고 생각하였다. 주위의 사람들에게는 이렇게 말했다.

“2~3년 안에 대학의 재무 내용을 대변혁시킬 것입니다.”

현장을 돌아본 결과, 대학에는 수많은 「낭비」가 있다고 확신하고 있었기 때문이었다(그러나 유감스럽게도 그것은 나의 낙관으로 끝나 버렸다. 반대의 결과를 초래한 저항 세력은 모두가 자신이 속한 대학 조직 그 차체였다. 실로 대학이라는 조직은 칼만 사용하지 않았지, 이를 대신하는 것을 구사하는 자기중심주의를 품은 조직 그 자체였다. 그것은 현재도 바뀌지 않고 있다).

그렇다면, 내가 느낀 수많은 낭비란 무엇인가? 그것은 지출 전체에서 차지하는 인건비나 제반 경비의 비율이 매우 높고, 전체적으로 고비용 체질에 길들여져 왔다는 점이다. 재정 재건의 핵심은 우선 이러한 「지출의 삭감」에 있다고 확신하였다. 그러나 경제 효과를 높이기 위해서는 2~3년 정도의 가능한 한 단기간에 「경비 삭감」 정책을 실시하지 않으면 안 된다.

와세다대학은 이 지경에 이르기까지 수수방관하고 있었던 것만은 아니다. 과거에도 수많은 제도 개혁이나 업무 개선 운동이 실시되고 있었고 그 나름의 성과는 올리고 있었다.

그러나 바로 「재정적 측면」에 관해서는 전 대학 차원에서 개선 운동이 실시된 적이 없었다. 왜냐하면 대학의 운영체제에 원인이 있었기 때문이다. 다른 대부분의 대학에서도 마찬가지겠지만, 예산제도라는 것이 있다. 전년도 실적을 보증한 예산제도가 오랜 세월에 걸쳐서 구성원 전체에게 커다란 안심감과 기득권 의식을 초래하고 있었던 것이다. 재정상의 위기의식이 결여되어 있었다고 밖에 말할 수가 없다.

또한 눈앞의 개선책에 그쳐 개혁운동이 오랜 기간 지속적으로 이루어지지 못한 점 등도 그 배경에 있을 것이다. 경영의 책임자인 이사가 현장에 한걸음 발을 들여놓고, 교직원과 한 몸이 되어 「재정개혁 운동」을 전개한 흔적은 없었다.

전 대학 차원의 재정개혁 운동, 이의 성공 여부가 와세다대학 재건의 열쇠를 쥐고 있다는 점은 확실했다. 그다음은 이를 이루어낼 수 있을지 어떨지이며, 그 현장 책임자는 나였던 것이다.

제2장

성역 없는 재정 개혁

재정의 독립과 차입금 제로 전략

오쿠시마奧島 총장 체제가 출범한 1994년도의 와세다대학 수입은 670억 엔이며, 차입금은 390억 엔이었다. 매년 이자만으로 22억 엔이나 지불하고 있었으며, 일반 기업이라면 이미 파산 선고될 상태였다는 점은 이미 서술한 바 있다. 전임 담당자는 반쯤 포기하고 있었다.

그로부터 10년, 유이자 부채는 직원들의 예상과는 달리 1,000억 엔에 도달하지 않았을 뿐만 아니라, 오히려 200억 엔 이하로 반감되었다. 장기차입금이 급감했을 뿐만 아니라, 지금은 차입금 제로 전략도 시야에 들어오고 있다.

어떻게 이를 실현할 수 있었을까?

우선 첫 번째로, ***"재정의 독립 없이 학문의 독립이 없다."***고 하는 「오쿠시마 독트린」의 덕분이다(첨부자료 2 참조).

「오쿠시마 독트린」이란 내가 임의로 명명한 것이지만, 총장이 재정 개혁을 전면적으로 백업한다는 선언인 것이다. 모든 재정개혁은 이 독트린(교의)을 금과옥조로 삼아 추진되었다. 달리 말하자면, 오쿠시마 독트린 없는 재정개혁은 불가능한 것이었다.

오해 받고 싶지 않은 것은, 과거 10년 동안 와세다대학의 재정정책은 차입금 반감과 경비축소만을 행하여 '낭비 없는 경영'만을 주창해 온 것은 아니라는 점이다. 불필요한 지출을 삭감하는 한편으로, 대학원인 아시아태평양연구과·국제정보통신연구과·일본어교육연구과 등을 개설하는 등, 21세기를 지향하는 새로운 「교육투자」를 적극적으로 추진해 왔다.

와세다대학은 20세기 일본을 대표하는 사립대학으로서, 일본의 발전을 위해 많은 인재를 배출해 왔다. 21세기에 다해야 할 사명은 하버드대학이나 스탠포드대학과 어깨를 나란히 하는 세계 수준의 대학이 되는 것이며, 세계적인 인재를 배출하는 것이다. 그러기 위해서는 세계적인 수준의 대학에 걸맞은 내용을 갖출 필요가 있다.「재정의 독립과 차입금 제로 전략」은 세계 수준의 대학을 실현하기 위한 시책인 것이다.

액션플랜의 책정

재정 개혁을 위해서는 우선, 차입금에 의존하는 체질에서 벗어나 자기 자금을 변통할 수 있도록 하지 않으면 안 된다. 이러한 경영체질의 개선에는 두 가지 방법밖에 없다. 즉,「수입을 늘일」것인가?「지출을 줄일」것인가? 이다. 학생 수가 감소해 가는 가운데, 교육투자가 눈에 보이는 성과를 올릴 때까지는 시간이 걸리므로, 채택할 수 있는 방법은「지출을 줄이는」것이었다. 경영체질의 저비용화라고도 할 수 있다. 단기와 장기의 두 가지 기본 전략을 세웠다.

- 단기적으로는 수년간 모든 경비를 삭감·억제
- 장기적으로는 모든 제도의 재검토와 경영구조의 개혁

다음으로 작성한 것은 구체적인 시책을 단계별로 적은 8항목으로 된 액션플랜이다.

【액션플랜 1】 경영감각의 계몽

【액션플랜 2】 경비 삭감

【액션플랜 3】 경비 절감 운동의 전개

【액션플랜 4】 유이자 부채의 축소

【액션플랜 5】 모든 제도의 개혁

【액션플랜 6】 재정 목표의 설정

【액션플랜 7】 「PAY AS YOU GO」의 원칙(자력으로 변통한 재원으로 차기 투자를 할 것)을 확립

【액션플랜 8】 재무 정보의 발신

「경영감각」의 계몽

제일 먼저 한 일은 대화이다. 【액션플랜 1】의 경영감각을 계몽하기 위해서는 모든 교직원과 대화하면서 이해를 얻을 필요가 있었다.

나는 대학 재정의 위기를 이해시키기 위해서, 교수회 또는 학부장회, 대학원연구과 위원장회, 혹은 교직원 조합과의 단체교섭·절충, 혹은 심포지엄 등에 가능한 한 출석하여, 대학 전체에 「경영감각」이 뿌리 내리게 하려고 노력했다.

처음에는 놀람의 연속이었다. 어느 날 교수회에서 내가 발언하고 있을 때, 어느 교수로부터 이러한 주의를 받았다.

"세키關씨는 입만 열면 경영, 경영 하시지만, 대학에는 경영이라는 게 없습니다."

"그럼 뭐가 있는 겁니까?" 라고 물으니,

"대학에 있는 것은 운영입니다."라고 답했다. 우리는 대학을 운영

하고 있는 것이지, 경영 따위로 말하면 곤란하다고 말하고 싶은 듯했다. 그러나 이러한 구실을 받아들인다면 아무것도 진척되지 않는다. 나는 그 교수에게 이렇게 응답했다.

“그러시다면, 정면 현관 입구에 있는 간판을 교체해 주실 수 있으시겠습니까? 〈국립와세다대학〉이라고 이름을 바꾸어 주시면, 앞으로는 경영이라는 말을 일절 쓰지 않도록 하겠습니다.”

와세다대학은 사립학교이다. 사립학교가 경영을 베이스로 하지 않으면 도대체 누가 책임을 진다는 것인가. 다른 회의에서는 “경영을 부정하는 것 같은 이야기는 나로서는 받아들일 수 없습니다.”라고 말한 적도 있다.

당초에는 그러한 이야기부터 시작하지 않으면 안 되는 그런 상태였다.

교수들의 사고방식을 바꾸는 것은 매우 어려웠다. 어느 대학이라도 마찬가지일 것이다. 그러나 나는 결코 포기하지 않았다. 자신의 경영이념을 이 학교에 정착시켜 목표를 달성하기 위해서는 결코 포기해서는 안 된다. 경영감각의 계몽은 그야말로 포교 활동과 같은 것이다. 【액션플랜 1】을 추진하는 과정에서, 마지막까지 포기하지 않는 것이 개혁 추진의 포인트라는 점을 배웠다.

일본의 사립대학 가운데는 유일하다고 여겨지는 것인데, 와세다대학에서는 부문별 결산인 「소비수지 부문별 결산 내역표」를 교학회의에 제출하도록 하였다. 이는 각 학부가 단체로 경영을 행한 경우의 수지에 간접비를 넣어 산출하는, 기업에서 말하는 세그먼트 회계와 같은 것이다. 간접비는 대학공통배분기준 등과 같이 각 학부에 할당할 기준을 정해놓고 있다. 예를 들면, 도서관 이용에 관해서는 정치경제학부가 17%, 법학부가 23% 등 전체 학부, 모든 간접비에 대해 코스트 배분의 비율이 정해져 있다.

이를 바탕으로, 예를 들면 "이 학부는 간접비를 포함하면 6억 엔이 적자였다."라는 이야기를 반복하곤 하는 것이다. 끈질기게 반복해서 이를 전함으로써 교직원의 관심을 유도하여 경영감각에 눈을 뜨게 하는 것이다. "우리 학부는 그렇게 나쁘지 않을 건데요." 라고 화내는 교수도 나타난다. 반발이 나온다면 거의 성공한 것이다.

그들 가운데는 고등교육에 금전을 개입시키지 말라는 교수도 있다. "세키關 상임이사는 기업적 발상의 경영을 대학에 주입하려고 하고 있다."라는 말도 들었다. 그러나 그러한 사고방식에 신경을 쓴다면 개혁은 일절 할 수 없게 된다.

"와세다는 사립대학이므로 이익을 보는 것까지는 아니더라도 수지는 될 수 있는 한 밸런스를 맞추도록 경영해 가지 않으면 안 된다. 그것을 위해 재정건전화가 필요하며, 여분의 자금은 학생 서비스로 돌린다. 경영의 질과 교학의 질, 이 둘을 높이면 반드시 학생의 질은 좋아질 것이므로, 질의 경영을 지향하지 않으면 안 됩니다."

이러한 설득의 말이 가장 효과가 있었던 것이다.

일률적인 경비 5% 삭감의 경위

다음으로 【액션플랜 2】 경비의 삭감이다.

학내에서 주위를 둘러보면, 교실과 화장실의 전등은 늘 켜져 있다. 그 가운에는 수도꼭지가 계속 틀어져 있는 화장실도 있다. 종이와 복사는 마음껏 쓸 수 있는 상태이다. 하지만 아무도 이런 일의 중대성을 깨닫지 못하고 있다.

복사기를 설치할 때에도, 기업이 가진 당연한 감각으로 보면 복사기 한쪽 곁에 노트가 놓여 있어야 마땅하다. 그 노트에 「회의용 자료 5매 인쇄」 등 각자가 기입하여 사용기록을 남겨 둔다. 그런데 대학에는 그러한 발상이 없다. 복사에 사용하는 것은 한쪽 면뿐이고 종이를 절약하려는 발상도 없다. 회의에 대해 말하자면, 자료의 두께로 만족하고 있는 것 같은 상태이다. 학부 등에서 발행하는 잡지를 보자면, 복도에 남은 잡지가 산적해 있어도 태연하다. 일상 업무를 추진함에 있어 세세한 배려를 하지 않은 채 낭비가 겹겹이 쌓이고 있다. 이것이 쌓여 큰 문제로 이어지게 되는 것이다. 실로 교육 현장의 교육 자체가 전혀 되어 있지 않다는 것이 실감 났다.

교직원의 입장에서 보면, 기업과 대학은 다르다고 말하고 싶을 것이다. 그러나 교육 현장인 대학이야말로 기업 이상으로 주변에 신경을 써야 하는 것이다. 교수들은 학생을 가르치고, 그 학생들의 다수가 산업계로 취직해 간다. 또 기업 연수의 자리에는 대학교수들이 나와서 사원 교육을 하고 있지 않은가? 산업계보다도 훨씬 전향적인 사고방식을 가지지 않으면 안 될 터이지만 현실은 그 반대였다.

학생의 부모가 납입하는 학비, 혈세인 보조금, 그리고 고귀한 기부금, 이러한 돈이 모이는 대학은 기업보다도 훨씬 더 올바르게 경영하지 않으면 안 된다. 왜 낭비를 아무렇지도 않게 방치하고 있을까 하고 나는 생각했다.

대학이 도산하도록 정부가 내버려 두지는 않겠지 하는 대학조직의 방만하고 안이한 잠재의식, 이를 바꾸지 않으면 대학 경영에 미래는 없다. 비용 삭감 운동의 본질은 돈의 절약이 아니다. 대학에 관계된 사람들의 낭비를 아무렇지도 않게 생각하는 심리, 이를 불식시키는 것이다. 많은 비판을 받을 각오를 하면서 외과적인 과감한 개혁을 시도하지 않으면 안 되겠다고 생각했다.

이렇게 내놓은 것이 경비의 일률 삭감이다. 당초의 안은 예산 단계에서 경비를 1년 차에 30%, 2년 차에는 20%, 3년 차에는 10% 삭감하는 방식으로. 앞당겨서 한번에 조정해 나가는 것이, 빠르면서도 가속도 있는 재정구조 개혁을 가능하게 하는 방식이라고 여겼던 것이다.

물론, 대학에서 이처럼 급격한 예산 삭감을 경험한 적은 없다. 따라서 당시 재무부서의 구성원들로부터 상당한 저항이 있었다.

"이것은 정말로 너무 심한 방법이라서 곤란합니다."

"이런 일을 한다면 나자빠지는 직원도 나올 겁니다."

재무부서의 회의에서 제발 부탁이니 중지해 달라는 상황이 되었다.

재무부서의 멤버들은, 오랫동안 대학에서 재정 관계와 그 외의 일을 담당해 온 경험 많은 사람들로 나의 직속 부하들이다. 그 사람들로부터 저항을 받으니 어쩔 수 없었다. 첫해 10% 삭감으로 양보하니 그것도 안 된다고 한다. 할 수 없이 가장 받아들이기 쉬운 수치로서 5%를 제시했다.

"삭감률을 5%로 낮추는 대신 앞으로 지속적으로, 와세다대학의 경영이 지속되는 한 전부 철저하게 행하겠습니다. 절대로 1~2년에 그만두지는 않을 겁니다."라고 선언했다. 나로서는 양보할 수 있는 한 양보한 선이었기 때문에 이것만은 강행하지 않을 수 없었다. 덧붙이자면, 이러한 「일률적인 5% 삭감」은, 형태를 바꿔 가면서 지금도 계속되고 있다.

이러한 온화한 삭감 방법에도 거부 반응은 나온다. 당초에는 학내에서 나에 대한 많은 비판과 비난이 쏟아졌다.

나와 같은 대학의 제3자적인 존재가 갑자기 기업적 발상을 대학에 갖고 들어온다면 참을 수 없다고 하는 그런 반감일 거라고 생각했다. 지금도 그것은 변하지 않고, "세키關는 기업적인 발상을 대학에 들여오고 있다. 이 때문에 대학이 힘들어질 것이다."라고 생각하고 있는 교직원들이 있는 것 같다. 나는 그러한 생각이 너무 싫었다. 바꾸어야 할 것을 바꾸는 것은 모든 조직에 공통하는 경영의 핵심이다. 무서워 벌벌 떠는 자세로는 개혁을 할 수 없다. 할 때는 대담하게, 또한 적극적으로 하는 것이 기본인 것이다. 그것이 안 된다면 이는「스스로 바뀌고자」하는 생각을 가지지 못한 집단이라는 증거인 것이다.

미국의 신학자인 라인홀드 니부어Reinhold Niebuhr는 감명을 주는 말을 남기고 있다.「평온을 비는 기도The Serenity Prayer」라고 이름 붙여진 것인데, 수첩에 적어 두고 늘 몸에 지니고 다니는 기도문이다.

"신이시여, 바뀌서는 안 되는 것을 받아들이는 냉정함과 바꾸지 않으면 안 되는 것을 바꾸는 용기와 그러한 것들을 식별하는 지혜를 주십시오.(O God, give us serenity to accept what cannot be changed, courage to change what should be changed, and wisdom to distinguish the one from the other.)."

실로 나의 경영관과 같은 말씀이다. 바뀌서는 안 되는 것을 받아들이는 데에는 냉정함이 필요하다. 그러나 바꾸지 않으면 안 되는 것을 바꾸려면 용기와 결단이 요구된다. 그리고 그 양자를 식별하는 지혜를 부여해 달라고 하는 의미이다.

영국의 속담에는 이러한 것이 있다.

"맛있는 오믈렛을 먹는 데 달걀을 깨지 않고 먹을 수 있는가?"

달걀을 깨지 않으면 맛있는 오믈렛을 먹을 수 없다. 달리 말하면 「창조적 파괴」이다. 파괴를 하고 거기서부터 이노베이션(혁신) 해 나가지 않으면 새로운 경영을 지향하는 것 등은 할 수 없다.

첫해 30% 삭감이라는 당초의 안이 반대에 부딪혔을 때, 대학 조직에는 개혁을 실현하고자 하는 의지나 생각이 없다고 느꼈다. "유연하게 대응해 가다보면 머지않아 이 사람도 잊어버리겠지. 마지막에는 우리가 말하는 대로 되지 않겠는가?" 이렇게 생각하고 있던 직원도 있었을 터이다. 실제로 그러한 사고방식을 키우는 환경이 학교 조직 안에는 있다. 들은 것을 곧장 행동으로 옮기는 트레이닝을 받지 않은 것도 같다. 그러니까 중요한 것을 정해도 시간이 지나면 잊어버리고 어느새 원래대로 되돌아오는 경우가 자주 보인다.

삭감 목표를 5%로 내리고, 착실히 계속해 나가는 방침으로 전환할 수밖에 없었던 것은, 재정 개혁의 이념에는 어긋나는 것이었으나 어쩔 수가 없었다. 그런데도 처음에는 학내에서 여러 비판과 닉네임을 들었다. 교직원들로부터는 '구두쇠 세키關', '붉은 도깨비', '커트맨'이라고까지 뒤에서 험담을 들을 정도였다.

게다가 5~6년 정도 지나니, "이제 슬슬 그만해도 되지 않을까요?"라는 타진이 여기저기서 들어왔다. '역시 올 것이 왔다'라는 느낌이지만, 처음 했던 약속대로 나는 그만둘 마음이 없다. 처음부터 끝은 없다고 정하고 있었던 것이다.

"마른 걸레를 짜서 뚝 하고 물 한 방울이 떨어질 때까지 계속 할 테니까 그렇게 각오해 두세요. 이것으로 끝이라든지, 이 정도면 이제 됐지 않느냐고 하는 등의 말은 일절 하지 않았으면 합니다."라고 입에서 신물이 나도록 계속 말하고 있다.

무슨 일이든 새롭게 변화를 요구할 때 마찰이 생기는 것은 당연한 것으로, 이를 마음에 두면 아무것도 할 수 없다. 생활도 일도 매일 변하기 마련이며, 변하기 때문에 진보한다. 변화는 계속해야만 그 의미가 있는 것이다.

말하자면, 나의 본심은 훨씬 과격하다. 변화와 개혁, 이노베이션이라는 말은 이를 나타내기에는 너무 부드럽다고 생각한다. 프랑스의 철학자 자크 데리다Jacques Derrida의 ***"탈구축脱構築, deconstruction: 단순한 파괴가 아니라 처음부터 다시 만들어 내는 것, 즉 재건을 전재로 한 '해체'의 의미"***라는 말을 정말 좋아하는데, 그 정도로 철저한 변화를 강하게 인상 지우지 않으면 안 된다. 다만 대학에서는 탈구축이라고 하는 말을 가져오는 것도, 이를 한 번에 실천하는 것도 어려우므로, 계속하는 것이 중요하다. 그것은 와세다대학에만 그치지 않고, 모든 대학에 공통적으로 적용되는 점이다.

이사·간부의 특권 박탈

예산의 5% 삭감을 실시한 것은, 출혈을 막는 것일 뿐만 아니라, 경비 삭감이라는 마음가짐을 학내에 정착시키는 목적도 있었다. 교직원에게 희생을 요구하기 위해서는, 이사나 간부가 먼저 그러한 자세를 보일 필요가 있다. 공용차, 개인사무실, 법인카드라고 하는 3개의 특권을 박탈한 것이다. 상임이사의 승용차 출근을 그만두고, 전용 공용차는 총장(이사장) 이외에는 폐지하기로 했다. 또한 상임이사의 개인사무실도, 본부 부장이 사용하고 있던 방으로 바꾸었다. 본부 부장의 개인사무실은 폐지하고, 담당 부서의 가운데 자리에서 일을 보는 일반기업의 시스템을 채용했다. 부장이 사무실의 중앙에 자리를 둠으로써 업무의 효율화·활성화를 꾀할 수 있는 것이다. 법인카드도, 부담 없이 돈을 쓰는 계기를 만들어 버리기 때문에 회수해버렸다.

이제까지 공용차로 출근하고, 개인사무실이 부여되며, 법인카드로 부담 없이 경비를 쓰던 특권을 거둬들인 것이다. 상임이사와 본부 부장들의 불만은 손바닥 들여다보듯 훤히 알 수 있었다. 몇 억 엔에 이르는 삭감 목표에서 보면, 공용차와 개인사무실, 법인카드의 경비 등은 대단한 것은 아니다. 원한을 살 줄 알고 있었어도, 굳이 이러한 시책을 채택한 이유는 돈 이외의 것에 있다. 그것은 의식 개혁이다. 경비 삭감으로부터 도망갈 수 없다는 사실을 피부로 느끼도록 하는 선언적 행동인 것이다.

이러한 의식 개혁은, 아마도 일본의 주요 사립대학에서는 실현되고 있지 않을 것이다. 와세다대학은, 이사와 본부 부장, 각 부서의 책임자가 솔선해서 경비 삭감에 뛰어들었기 때문에 일반교직원도 협력하지 않을 수 없게 되었던 것이다.

교직원에게 의식 개혁과 경비 절감을 요구하는 이상, 간부가 스스로의 특권을 포기하는 것에서부터 시작하지 않으면 아무도 따라오지 않는다. 이것은 조직의 철칙이다. 거기에 이사회의 구성원이 응해주었기 때문에 비로소 개혁을 실행으로 옮길 수 있었다.

경비 절감 운동의 전개

물론 예산을 삭감한 것만으로는 경비 절감으로 이어지지는 않는다. 책상 위에서 숫자만 깎는 것이라면 누구라도 다 할 수 있는 작업이다. 그렇게 되면 나를 「코스트 컷터」라고 비난하는 사람들의 불평이 옳은 것이 된다. 근본적인 구조 개혁이야말로, 대학 재건의 핵심인 것이다.

그래서 경비 절감 운동의 전개에 해당하는 【액션플랜 3】이 있다. 재정 개혁을 위한 구체적인 시책을 입안·실시하기 위해, 이사회 직속의 「재정개혁추진본부(본부장: 종합기획담당 상임이사)」를 설치했다. 상임이사와 본부의 각 부장이 본부 위원이 되게 하였다.

신설된 「재혁본부」(약칭)는, 재정 개혁의 실행 부대로서, 거기에 경비 절감 등을 위한 5개의 추진 팀(각 10명, 계 50명)을 만들었다. ①사무의 효율화에 의한 경비 절감 추진 팀, ②관리 경비 절감 추진 팀, ③물품 조달 경비 절감 추진 팀, ④인쇄물 경비 절감 추진 팀, ⑤시설 등의 유효 활용에 의한 수입 증가를 계획하는 추진 팀. 이 팀들은, 본부 직원을 중심으로 하여 목적별로 편성한 횡단적인 조직 워킹 그룹이다.

또한 이와 동시에, 대학의 각 캠퍼스마다(본부, 니시와세다西早稲田, 도야마富山, 오쿠보大久保, 도코로자와所沢, 그 외)의 경비 절감을 추진하기 위해, 6개의 추진 그룹(각 10명, 합계 60명)을 구성했다. 이들 팀과 그룹으로 종횡의 조직을 만들어, 절전·절수, 인쇄경비·출장여비·회의비·잡비의 절약 등을 중심으로, 학교 전체의 모든 경비를 절감·삭감하는 운동을 전개해 갔다.

설치 기간은 둘 다 1996년 3월부터 1998년 3월까지 2년간으로, 실행 부대라 할 수 있는 각 추진 팀이나 추진 그룹은, 과장·사무장급의 관리자를 리더로 삼아 전임직원으로 멤버를 구성하였다.

활동 내용은, 점심시간 중 사무실의 소등, 수업 종료 후의 교실 소등이나 냉난방기의 정지 등과 같은 캠퍼스 순찰을 시작으로, 절전·절수, 복사의 절약과 쓰레기 분리수거기(병·캔·타는 쓰레기·타지 않는 쓰레기로 구별한 쓰레기통)의 설치에 이르기까지, 철저한 낭비 없는 운동을 전개한 것이다. 구체적인 활동 내용은 아래와 같다.

(1)광열비와 수도요금의 삭감

• 수업이 끝나면 교실 전등을 끈다.

• 휴식 시간은 사무실의 전등을 끈다.

• 사무실의 냉난방은 오후 5시에 끈다.

• 수도의 수압을 낮춘다.

(2)인쇄제본비의 삭감

• 출판물과 배부 자료를 재검토하여 정리·종합하여, 페이지 수와 인쇄 부수를 삭감했다.

(3)물품, 소모품비의 삭감

• 재고를 다 쓰고, 할인율이 높은 「선정품」의 구입을 장려했다.

• 물품을 조달할 때는 복수의 업자로부터 견적을 받아 가격을 교섭했다.

• 일정 금액 이상의 물품 구입은 사전에 재무담당자와 협의를 하

도록 지도했다.

(4)여비, 교통비의 삭감

• 상임이사의 전용차 폐지, 교직원의 택시 등 이용 제한

(5)도서비의 효율적 활용

• 도서 비용에는 국내서와 국외서洋書 구입이 있는데, 양서洋書를 구입할 때는 적용 환율이 실제 시세와 동떨어지지 않도록 했다.

(6)건물 관리 위탁비의 효율화

• 청소·경비 등의 업자 선정에서는 경쟁 원리의 도입과 건물 관리의 일원화를 추진했다.

• 캠퍼스의 종합 관리화를 추진하고, 각 부국이 따로따로 업자를 선정하지 않도록 주의시켰다.

(7)청소업자의 축소

• 각 캠퍼스에서 따로따로 채용하고 있었던 복수의 청소업자에 대해 매년 활성화 방안을 계획하고, 업자를 축소하여 경비를 삭감했다. 장기적 목표로는, 입찰에 의해 1개 혹은 2~3개 회사에 집중하도록 했다.

(8)수입 증가

• 모금, 기부금의 상시 획득에 애를 썼다. 유휴자산의 매각과 유효 활용을 고려해 교육 연구를 위한 재원 확보에 힘을 쏟았다.

이러한 경비 삭감은 단지 추진하면 되는 것이 아니다. 활동을 통한 직원의 의식 개혁과 정보 공유가 성과를 지속적이게 하여, 나아가서는 경영 감각을 뿌리내리게 한다. 원래는 공헌도를 급여에 반영시키는 인센티브를 적용하는 것이 효과적이지만, 좀처럼 받아들여지지 않았다. 결국, 대학인의 모랄moral에 기대어, 각자가 열심히 경비 삭감에 임하자는 것으로 하게 했다. 그러나 쓸데없는 많은 걱정과 우려와는 달리, 모두가 일치단결하여 성과를 볼 수 있었고, 이 점에 대해서는 매우 감격하며 감사도 하고 있다.

굳이 성공 요인을 들자면, 통상업무와 재정개혁 운동을 무리해서 분리하지 않고, 일상의 업무 가운데 자연스럽게 경비 절감을 실행해 갔다는 점이다. 결과적으로 10년이 지난 현재 경비 삭감의 의식은 정착되었다.

당시, 나는 다음과 같은 메시지를 전 직원에게 배포하여 협력을 요청했다. 거짓 없는 진솔한 마음이었던 것이다.

재정 위기의 타개를 위해 우리는 무엇을 해야 할까요? 1995년도와 1996년도 2년에 걸쳐서, 약 17억 엔이 넘는 경비 절감을 실행했습니다. 이러한 지출 삭감 노력에도 불구하고, 1996년도 예산은, 단위 년도 57억여 엔의 적자(소비지출 초과)가 되어, 1995년도 예산에 비해 20억 엔이나 악화된 예산을 짜지 않으면 안 되었습니다. 이러한 경향이 수년간 지속되면(지속될 가능성이 있습니다) 대학 재정은 문자 그대로 붕괴 일로에 다다를 것입니다.

이를 내년도에 이월해야만 하는 지불자금의 추이로 보면,

이 5년간 자금은, 1992년도 말의 180억 엔에서 1994년도 말의 172억 엔으로 매년 계속 감소되고 있고, 1995년도 말에는 122억 엔으로 감소될 전망입니다. 가루이자와軽井沢 토지 매각대금 43억 엔 가운데, 1995년도 말에 1억 엔이 입금되었고, 잔액 42억 엔은 1996년도에 입금되었음에도 불구하고, 1996년도 말에서는 134억 엔(전망)밖에 이월 할 수 없는 상황입니다.

1996년도의 신입생 전수금 100억 엔과 1996년도에 지불해야 하는 미불금이 약 30억 엔 있으니까, 최소 130억 엔의 자금은 확보되어야 합니다만, 이 자금의 일부를 1995년에 소비할지도 모른다는 긴박한 양상이 나타나고 있습니다.

이러한 수지 구조에서 추이해 보면, 수년 안에 자금 파산을 초래하게 될 겁니다. 따라서 이러한 상태를 막을 시기는 지금 말고는 없습니다. 일전에 발족한 「재정개혁추진본부」가 이를 맡아서, 대학 경비 전부에 대해 재검토하여, 문제점과 그 해결방법을 찾겠습니다만, 여러분 전원의 이해와 협력이 필요합니다.

현 상황의 개혁을 실시하는 것에는 큰 아픔이 동반됩니다만,

①단기적으로는 수년간의 모든 경비에 대해 억제·삭감함과 동시에,

②장기적으로는 구조개혁을 추진하는 것을 조건으로 하여 모든 제도의 재검토와 개혁을 실시하고, 그리고 추산된 여러 항목에 대해서 수치적으로 투입(여러 가지 생각할 수 있는 합의가 조건이 되겠습니다만)하는 것이 가능하다면, 앞에서 기술한 2004년도의 경영 개선 수치는 1999년도의 상황에서 크게 개선되는 방

향으로 갈 수 있다고 생각합니다.

따라서 벼랑 끝에 서 있는 대학 재정의 위기를 하루라도 빨리 타개하기 위해 재정 개혁을 실행하는 것은, 첫째로는 대학의 건전한 그리고 안정적인 재정과 교직원의 생활 안정과 만족으로 이어지는 것입니다. 둘째로는 새롭게 열리는 시대에 대응할 수 있는 신 와세다NEW·WASEDA를 가능하게 할 수 있다고 믿기 때문입니다. 이러지 않고도 와세다대학은 21세기에 존재할 수 있겠는가 하고 생각하기 때문입니다.

이상으로 대학의 재무담당으로서 1994년 2월에 취임한 이래, 그리고 재무담당 상임이사로서, 7개월여의 기간을 보낸 진솔한 소감을 기술했습니다. 재정 상황이 매우 심각하다는 점을 인식하지 않으면 안 됩니다. 현재, 우리들은 앞으로의 대학을 위해서 땀과 눈물을 흘리지 않으면 안 됩니다. 왜 그렇게 해야 하냐고 물으신다면, 앞으로 희망으로 부푼 가슴으로 와세다대학에 들어오는 사람들에게 여러 가지 부담을 강제할 수 없기 때문입니다. 위기에 처한 대학 재정은 우리의 책임과 예지로, 이것을 극복하지 않으면 안 됩니다. 다시 한 번 대학 구성원 모든 분들에게 각별한 이해와 협력을 부탁드립니다.

실행한 활동이나 그 성과는 매월 캠퍼스 단위로 정리해서 재정 개혁의 홍보 매체인「재정개혁 추진본부 뉴스」에 게재했다. 이「재정개혁 추진본부 뉴스」는 전자 메일과 학내 홍보지를 통해 전 교직원에게 주지되어 교직원의 개혁 의식 고양으로 이어졌다. 이는 상호 간에 자극이 되는 모양새였다. ***"저 캠퍼스에서, 저 부서에서 할 수 있는 일이라면 우리도 할 수 있어.", "저기서 그걸 했다면 우리도 할 수 있는 게 있어."*** 라고. 좋은 의미에서의 자극이 캠퍼스 간과 부처 간의 경쟁 상태를 만들어 내고, 실적을 올릴 수 있는 행동으로 발전한 것이 효과가 극대화되는 결과로 이어졌다.

그 후에도 광열·수도비와 인쇄비 등의 경비 절감과 유지비용의 삭감 등에 관한 교직원의 의식은 확실히 뿌리내리고 있다.

예를 들면, 화장실과 사무실의 소등은 각자 스스로 실행하는 것으로 하고 있다. 강의실이나 연구실을 나갈 때라든가 화장실에서 나올 때는 반드시 전등을 끈다. 강의실 등의 소등은 청소관리 위탁업자에게 업무의 일부로 해 달라고 한다. 이에 더하여 각 학부의 사무장과 주임이 중심이 되어 순찰을 한다. 예를 들면, 내가 소등이 누락된 것을 발견하면, 다음 날 담당 사무장에게 "어제 봤는데 불이 켜져 있었어. 주의해 줘."라고 서로 견제하는 것이다. 지금은 모두 습관이 되어 있기 때문에 말할 필요도 없어졌다. 3~4년이나 지나면 그 누구라도 당연하게 여기게 되고, 실제로 그 정도의 시간으로 절약 정신은 침투하였다.

문구류 비용도 마찬가지였다. 단가가 낮기 때문에 대량으로 구입해 버리기 쉽다. 봉투를 제작할 때도 그러해서, 내버려 두면 3년분 이상 재고가 쌓여 버린다. 나는 그렇게 하지 못하게 했다. 누구의 책상 서랍을 봐도 연필 1~2자루는 여분으로 가지고 있는 법이다. 원래는 1년간 문구류는 일절 사지 마라고 하고 싶었을 정도였는데, 그래도 연필이 완전히 사라져 버리는 일은 없었을 것이다.

문구류는 학교와 관련이 있는 납품업자를 통해서 구입하고 있기 때문에 부탁하면 언제든지 가져다준다. 곁에 여분을 놔두지 않아도, 재고를 업자에게 놔둔다고 생각하면 그것이 가장 합리적이다. 보관 장소도 필요 없는데다가 금액이 적기는 해도 그 구입 자금은 다른 용도로 쓰일 수 있다.

이러한 세세한 사례의 축적과 계속성이 전부 경영에 반영된다. 경비 삭감의 소재는 주변에 얼마든지 있는 것이다.

지금은 점심시간 중의 소등, 절수, 양면복사, 쓰레기 분리, 물품의 재활용 등은 지극히 당연한 일이 되고, 전자 메일이나 전자 매체의 활용을 통해 산더미 같던 인쇄물은 자연 도태되고 있다.

야간 순찰을 실시하고 있다든가, 전등의 소등을 하고 있다든가, 이런 절약을 하고 있다는 대처방식을 바로바로 전화로 알려주는 학부장도 나타나고 있다.

한 번은 주판을 튕기는 것도 잘하지 못하는 문학부 학부장으로부터 이런 연락을 받았다. "여름 방학에 빈 강의실을 잘 활용해서 자격을 부여하는 수업을 할 수 있습니다만, 개설해도 될까요?" 그런 일은 "대대적으로 해 주십시오."라고 답하여 시작한 것이 벌써 몇 년이 지났다. "이번 강습은 이정도 이익이 났는데 어떻게 할까요?"라고 걱정스럽게 물어 와서, "거둬들이거나 하지는 않습니다. 문학부에서 전부 자유롭게 쓰세요. 다만 교육을 위해서, 학생 서비스 질의 향상을 위해 써 주세요."라고 대답했다.

그 당시의 이익은 상당한 금액이었다. 그것을 모두 써도 된다고 들은 학부장은 매우 놀란다. 이러한 경험을 하면 그 학부장은 반드시 주위에 알린다. 나는 나대로 문학부의 활성화를 위해, 그것도 학생을 위해 쓰는 자원이 재정 개혁을 통해 생겼다고 선전한다.

서로에게 매우 플러스가 된다. 졸라매는 것만이 작전이 아니다. 바로 이것이 【액션플랜 7】의 *"PAY AS YOU GO"*라는 원칙을 확립하는 것이다.

졸라맬 곳은 크게 졸라매면서, 약간이라도 경영 마인드를 발휘해 성과를 낸 것에 대해서는 정확히 보상하는 시스템을 채택하고 있다. 이것이 학교의 경영이자 재정 개혁으로, 잊어서는 안 될 포인트이다. 탄력적으로 대응함으로써 교직원이 얼마나 용기를 얻을 수 있는가? 그리고 보다 더 높은 성과를 올리려고 노력한다. 나는 그러한 선순환을 바라고 있는 것이다. 앞서 말한 문학부의 경우는, 정해진 시간 내에 강의실을 사용했을 뿐만 아니라, 강의가 없는 여름 방학에 수입증가 방안을 실시한 것이므로, 교원의 의식도 크게 달라졌다고 평가해도 좋을 것이다.

철저한 정보 공개

대학은 본질적으로 결과 점검이나 확인이 전혀 안 되는 조직이다. 대학과 학부가 어떤 전략을 세워 그것을 어떻게 실천하고 있는가? 그 결과는 어떻게 되었는가? 재무의 현장 책임자로서는 숫자밖에 신용할 수 없고, 숫자에 결과를 수렴시킬 필요가 있는 것이다.

예를 들면, 니시와세다 캠퍼스에서 혼조[本庄] 캠퍼스로 매일 대학버스를 운행하고 있지만, 몇 명 태울 계획을 세우고, 실제로는 몇 명이 타고 있으며, 그것이 어떠한 효과를 내는가를 체크하지 않으면 의미가 없다. 거기서 나온 결과가 비효율적이라면 운행은 그만둬야 한다.

버스 운행은 알기 쉬운 예이지만, 대학의 최대 미션인 교육과 연구야말로, 결과 점검을 엄격하게 적용할 필요가 있다. 그를 위한 것으로 대학의 등급과 각종 랭킹, 연구 논문의 인용 수 등의 조사 수치가 있다. 대학의 온갖 활동을 제3자에 의한 평가 결과를 공개하는 것이 중요한 이유가 여기에 있다.

이러한 제3자의 평가를 추진하는 전제가 되는 것이 【액션플랜 8】재무정보의 발신이다.

대학 경영을 위해 수업료를 내는 학생과 부모, 동문, 산업계 등 다수의 기부자, 보조금을 교부하는 국가, 이들은 모두 대학의 이해관계자, 즉 기업경영에서 말하는 스테이크 홀더[stakeholder]이다. 스테이크 홀더에게 돈의 사용처를 정확히 보고할 책임을 철저히 이행하지 않으면 안 된다. 그리고 대학은 시민 사회에 의해 지탱되고 있다는 점을 명심하고, 공익법인이라는 점을 자각하여 투명도 높은 정보공개를 철저히 해야 하는 것이다. 이것이야말로 종래의 모든 일본 고등교육기관이 결여하고 있던 점이라고 통감한다.

또한 경영 계획에 제3자의 평가를 사용하는 것도 중요하다. 일반 기업에서도 사외 임원 도입과 감사 제도 등 외부 인재에 의한 평가 제도가 정착되고 있다. 이것이야말로 「사기업법인 거버넌스(기업통치)」의 요체이다. 대학도 외부로부터의 비판을 견뎌낼 수 있는 조직을 지향하지 않으면 안 된다.

와세다대학에서는 2001년부터 홈페이지를 통해 모든 재무제표를 공개하고 있다. 전국의 사립대학 가운데서도 앞장서게 되었다. 이와 동시에 분기별 보고를 빠지지 않고, 시시각각 변화하는 대학의 활동 전개 양상을 자세하게 보고하고 있다. 이것이 대학의 사회적 관계UR, University Relations 활동을 중시하는 것이며, 일반 사회에 대한 당연한 의무로서 모든 대학에도 사행을 권유하고 싶다.

「재정건전화 3개년 계획」의 책정

수도꼭지를 잠그고 강의실의 전기를 끄며 돌아다니는 동안 장기 전략도 가동시키고 있다. 그것이 1996년 12월에 책정한 「재정건전화 3개년 계획(1996년~98년도)」이다.

이 계획은, 다음의 4개항이 목표이다.

(1)1998년도에 최대한의 경상수지 건전화를 계획한다.

(2)건설수지는 3개년의 자금 베이스에서의 균형을 지향한다.

(3)유이자 부채를 줄이고, 차입금은 학납금学納金의 3분의 1 이내로 한다.

(4)다음 연도 이월 지불자금 잔액을 170억 엔 이상 확보한다.

이상의 정책을 교직원에게 주지시키고, 예산 편성을 비롯해 모든 재정 정책은 이 계획에 따라 시행하는 것으로 했다. 이것이 【액션 플랜 6】 재정목표의 설정인 것이다.

교직원 인건비의 높은 벽

이 계획에 단 하나 담지 못한 것이 있다. 당초 2년간에 29억 엔의 삭감을 예상했던 교직원의 인건비이다. 사실은, 이사 취임 당초에는 인건비에 손을 대면 재건이 가능하다고 눈여겨보고 있었다. 데이터를 서로 교환해 가며 비교가 가능한 유력 사립대학 13개교의 평균 레벨에 맞춰 나가면, 상당한 활성화 자금을 마련할 수 있을 것 같았다. 그 금액이 3년간 100억 엔 정도가 될 것이라고.

인건비가 큰 부담이 되고 있다는 것은 고정비 부담이 크다는 것을 의미한다. 재정 개혁을 실행하고 있는 현재에도 인건비가 학비 수입에서 차지하는 비율은 대략 80% 정도를 약간 상회하고 있다. 즉, 이를 기업으로 치환하면 학비 수입은 매상고에 해당하며, 그 80%가 인건비로 사라져 버리고 만다는 것이다. 이런 상태에서 경영이 잘 될 리가 없다.

사실, 사립대학은 어디라도 비슷한 지출구조를 갖고 있다. 재정을 건전화하기 위해서는 고정적인 비용이 아니라 상황에 맞게 탄력적으로 변동될 수 있도록 하지 않으면 안 된다. 인건비의 경우는 학비 수입과의 관련성을 가장 중시하여 배분해야 한다는 것이 나의 사고방식인 것이다.

하지만 교직원 조합과의 합의가 좀처럼 이루어지지 않았다. 인건비 삭감에 관해서는 조합과의 관계가 매우 경직적으로 되어 버리고 만다. 그 때문에 광열·수도비 등 제반 경비의 절감이라는, 관리경비에 먼저 칼을 대지 않으면 안 되었다. 당초 3~4년 만에, 즉 늦어도 2000년까지는 전망이 서 있어야 하는 재정 재건이 예상 이상으로 시간이 걸리고 있는 것은, 인건비 삭감이라는 난제가 현재에도 남아있는 것이 큰 이유이다.

내가 주목하고 있는 것은, 단순한 인건비가 아니라 「총인건비」라는 점도 지적해 두지 않으면 안 된다. 이러한 총인건비가 학비 수입에서 차지하는 비율이 어느 정도인가를 하나의 장기 지표로 삼고 있는 것이다.

건물을 세우면 반드시 관리비가 든다. 예를 들어, 청소관리나 경비가 당연히 필요하게 된다. 이를 관리비가 아니라 인건비로 생각하는 것이다. 학교 회계상에서는 업무 위탁비로 표현되고 있지만, 이 위탁비 가운데는 상당한 인건비가 포함되어 있다. 말하자면 숨은 인건비라고 불러야 하는 것이다. 이것을 드러내는 의미에서, 본래의 인건비와 업무 위탁비를 합산하여 관리하지 않으면, 빠져나가는 비용이 발생해 버릴 것이다. 이 총인건비가 학비 수입에서 차지하는 비율이 어느 정도인가를 살펴보지 않으면, 진정한 밸런스를 읽는 것이 불가능하다.

이러한 총인건비 의존율을 70% 정도까지 끌어내릴 필요가 있다. 현 시점에서는 80%를 넘고 있기 때문에, 의존율의 관점에서도 와세다대학의 인건비는 아직 높다.

다만, 약간이기는 하지만 성과는 나오고 있다. 소비지출에서 차지하는 인건비의 비율은, 1995년도의 약 60%에서 2003년도에는 55%로 감소되고 있다. 덧붙이자면 전국 대학의 평균치가 대략 50%이기 때문에 와세다대학은 아직 약간 높은 수준에 있다. 다른 대학과 비교해 보면, 와세다대학의 급료는 교원·직원 모두 풍족하게 받고 있는 셈이 된다. 급여 수준이 높은 게 결코 나쁜 것은 아니지만, 재정적으로 힘들 때는 평균 정도로 내리지 않으면 안 된다고 생각하고 있다. 인건비를 줄여서 교학 쪽에 투자하면 그만큼 학생 서비스의 질을 높일 수 있다.

재정 재건이 한창 진행 중일 때에도, 교육연구 관계의 지출은 일절 줄이지 않는다. 관리 경비에서 삭감한 돈이 교학으로 가고 있는 것이다. 내가 재무담당 상임이사로 취임한 후 10년 차에는 누계 660억 엔에 이르는 경제 활성화 정책을 실현시켰지만, 그 돈은 모두 교육연구 관계의 경비 혹은 새로운 투자 그리고 다음의 사업계획을 위한 제2호 기본금으로 편성되고 있다. 10년간 교육연구에 총 투자된 금액은 약 1200억 엔이나 된다.

모든 제도의 개선

모든 제도의 개혁이라는 【액션플랜 5】에는 1998년부터 손을 대었다. 1996년에 시작한 「재정개혁추진본부」의 임기가 만료되면서, 1998년 6월에 이사회 밑에 상임이사와 본부부장을 멤버로 하는 「재정구조개혁 추진본부」(본부장: 종합기획담당 상임이사)를 설치하여, 제반경비 절감 운동의 전개에 더해, 기존의 모든 제도에 대한 개혁을 검토하게 되었다. 설치 기간은, 1998년 6월부터 1999년 5월까지 1년간이었다.

예산 편성을 관리하는 「재무계획회의」에는, 1999년도부터 「사업계획검토 부회」와 「시설계획검토 부회」를 설치했다. 양 부회에서는, 예산편성 방침을 검토함과 동시에, 신규사업 예산 등의 타당성을 검증하여 적정한 예산 편성을 추진하도록 했다.

이 밖에 비용 관리를 철저히 하기 위해 「사업계획·경비 총괄표」를 작성했다([도표03] 참조). 이에 따라 각 사업 계획별로 유지 비용까지 포함한 총사업비를 파악할 수 있게 되었다.

[도표03] 사업계획·경비 총괄표(샘플 개요)

본 시트의 취급책임자: ○○○○

건명(가칭): ○○캠퍼스 ○○센터 신축공사

종별: A;건물(구입·신축·증축·임차·임대·매각·소각)　B;토지(구입·임차·임대·매각)
C;프로젝트(신설·개정)　D; 그 외(　　　　　　　　　　　　)

사업 계획의 개요 (취지·목적·효과 등)	○○○○○○○○○○○○○○○○○○○○○○○○○○○ ○○○○○○○○○○○○○○○○○○○○○○○○○

소요경비총액	취득시 (A+B+C) : ○○○○○천엔 예산주관개소 ○○과 외 항상경비 (D+E) : ○○○○천엔 (일부 미정 항목 있음) 총액 ○○○○○천엔 (일부 미정 항목 있음)

(주) 이하, 경비는 모두 소비세포함 총액을 기입한다.

■관련개소·시트 작성 경과

개소명	기입내용번호 등	기입자	기입년월일
○○○○ 추진실	①~⑦, ⑨~⑪, ⑮	○○○○	2002.7.8
○○과	⑮ 외	○○○○	2002.7.15

항목	내용
① 소유자 소재지	학교법인 와세다대학 ○○현 ○○시 ○○○○○○번지
② 중개자 소재지	
③ 건물구조 건물면적(㎡)	●RC조 ●지상 4층(○○○○㎡) ●지하 층 (㎡) ●계 ○○○○㎡ ●제거물건 (유→⑪ 무)
④ 토지(㎡)	○○○○○○㎡ (확인신청상의 기준면적)
⑤ 시공회사 등	●설계회사: (주)○○설계 ●시공회사: ○○건설(주)
⑥ 착공일·준공일 구입일	●착공예정일: 2002년 9월 일 (실제: 년 월 일) ●준공예정일: 2003년 11월 일 (실제: 년 월 일) ●구입예정일: 년 월 일 (실제: 년 월 일)

항목	내용
⑦ 가격·지불조건 (건물본체·개수) ※ 임대차의 경우는 총액과 연액·기간을 대체해서 기입한다.)	●건물총액: ○○○○○○○천엔 (A) (단가 ○○○천엔/㎡) ●착공시: 0천엔 ●잔금지불계획: 2003년 ○월말 50%, 2004년 ○월말 잔액을 지불한다. ※지불년월·지불액
⑧ 상기의 지불 자금계획 (건물본체)	●자기자금: 미정 천엔 (중 특별감정에 의해 충당 천엔) ●보조금 : ○○○○○○ 천엔 (예정) ※보조금 종류 등 →⑫
⑨ 부대경비 ※ 분할등 수년 차 지불은 년월·지불액	●설계료 ○○○○○○ 천엔 ●공조공과 0 천엔 ●비품·용품·집기 ○○○○○○ 천엔 ●기계·기구 미정 천엔 ●정보화경비(PC·전화·네트워크 등) ○○○○○○ 천엔 ●기존건물 제거비 0 천엔 ●이전 비용 미정 천엔 ●구성 등 ○○○○○ 천엔 계 ○○○○○○천엔(B)(중 특별감정에 의해 충당 천엔) (상기 중 보조금대상경비 미정 천엔)
⑩ 문화재 발굴경비	●필요경비: 0천엔 (C) ●발굴기간: 년 월~ 년 월
⑪ 기존건물제거	●제거건물명칭·면적: 없음 (㎡) ●제거연월: 년 월 ●잔존가액: 천엔 ●제거회사:
⑫ 부대조건 (기부금·보조금 외)	○○○○○○○○○○○○○○○○○○○○○○○○○○ ○○○○○○○○○○○○○○○○○○○○○
⑬ 비고	

■**공통항목**

항목	내용
⑭ 인건비 (연간)	●필요로하는 내용·금액 (관리인 등) ●인건비 (위탁비) 미정 천엔(D)

항목	내용
⑮ 런닝 코스트 (연간) ※적산근거기입	●전기 ○○○○○ 천엔 (단가 ○○○○엔/㎡) ●가스 ○○○○ 천엔 (단가 ○○○○엔/㎡) ●수도 ○○○○ 천엔 (단가 ○○○○엔/㎡) ●청소 미정 천엔 (단가 엔/㎡) ●관리비 미정 천엔 (단가 엔/㎡) ●경비 미정 천엔 (단가 엔/㎡) ●화재보험료 ○○○ 천엔 ●그 외 미정 천엔 계 ○○○○○ 천엔 (E)

■회의체 승인(예정)

내용	년월일	회의명
○○캠퍼스 ○○센터 신축공사	2002.7.18	부장회
○○캠퍼스 ○○센터 신축공사	2002.7.19	이사회
○○캠퍼스 ○○센터 신축공사	2002.7.19	평의원회

유이자 부채의 축소

한편 이러한 제도 개혁 등과 병행해서 추진한 것이 최대의 문제였던 유이자 부채의 축소이다. 이것이 【액션플랜 4】이다.

앞에서도 소개했듯이, 대학 재정은 1995년도 피크 지점에 390억 엔의 차입금 잔액과 연간 22억 엔의 지불이자를 떠안고 있었다. 당시의 부채 비율은 55%이고, 귀속 수입에 대한 차입금 등의 이자 비율은 3%였다. 이는 주요 13개 대학 가운데 최악의 수준으로 명백한 위기적 상태였다.

그런 만큼 이러한 상태를 한번에 해결하는 것은 극히 곤란했다. 그래서 연차 계획을 세워 단계적으로 유이자 부채를 축소하기로 했다.

"차입금은 무섭다"는 것이 많은 기업 경영자들의 공통된 생각이다. 하지만 일본의 많은 대학에서는 꽤 마음 편히 차입금을 늘이고 있다.

금융기관의 입장에서 보면 대학처럼 안정된 임차주가 없다. 매년 정해진 시기에 정원만큼의 수업료 수입이 반드시 예상되기 때문이다. 대학은 차입금을 늘이는 것으로 금융기관에 많은 공헌을 해 왔던 것이다. 그렇다고 해서 대학에 특별 저리로 융자해 주는 것은 아니다. 마치 개국 전의 불평등조약과 같다. 금융기관의 입장에서 대학은 그 정도로 「좋은 고객」이지만, 대학의 입장에서는 좋은 것이 아니었다.

나는 취임 당초부터 대학의 재정기반 확립을 위해서는 400억 엔에 이르는 추세의 유이자 부채 축소가 급선무라고 여기고 있었다. 이것 없이는 재정 건전화가 불가능한, 개혁의 「핵심 부분」인 것이다. 더 말할 것도 없이, 전임자가 말한 것처럼 1000억 엔으로 늘린다고 하는 등의 사태가 생겨서는 안 된다.

학교 회계에서는, 차입금의 자리매김이 명확하지 않은 것이 그때까지의 재무책임자의 눈을 속이는 결과가 되었다는 측면도 있다. 차입금이 많으면, 재정의 흐름면에서는 경영 내용이 양호한 것 같은 인상을 줄 수 있었기 때문이다.

이 점에 대해서는 조금 더 설명해 두고 싶다.

학교 회계에서는, 대학의 기본 재산이 되는 토지, 건물, 기계기구·비품, 도서 등 고정자산의 매년 취득 금액을 그 해당 연도 귀속수입에서 기본금 편성액으로서 공제한다(기본금에 대해서는 아래 박스 참조 참조). 그때 차입금에 의해 고정자산 등을 취득한 만큼, 즉 차입금 상당액은 「기본금 미편입액」으로서 기본금에는 포함되지 않는 것으로 되어 있다. 이 때문에 고정자산을 취득할 때에는 기본금 편입액과 차입금 할당 비율의 방식에 따라, 소비수지 차액, 즉 기업에서 말하는 경상이익의 많고 적음에 크게 영향을 받는다. 간단히 말해, 차입금으로 고정자산을 매입하면, 그만큼은 그해의 수지에 플러스가 된다. 그러나 당연히 빚쟁이가 되는 것이다.

와세다대학에서는, 시설건설비와 장기차입금이 세트로 여겨졌던 게 아닌가 싶었던 시절이 있었다. 차입금 덕분에 단위 연도의 소비수지 차액이 실태보다도 양호하게 보였기 때문이다. 재정 흐름의 측면에서는 경영 내용이 양호한 것 같은 인상을 주고 있지만 그것은 대단한 착각이다.

유이자 부채는 철저하게 줄이지 않으면 안 된다는 생각은 물론이고 빚 자체도 있어서는 안 되는 것이다. 앞뒤 생각지 않고 돈을 빌려 경영해도 된다면 누구라도 경영을 할 수 있다. 하물며 공익법인인 학교의 경우는 빚에 손을 대서는 안 된다. 학교 경영에서 빚은 기업의 몇 배에 달하는 부담으로 다가오기 때문이다.

기본금에 관해서

기본금이란 무엇인가

기본금이란 자기자금으로 소유한 순자산을 말한다. 구체적으로는 사립대학이 교육연구 활동을 유지·운영해 가는 과정에서 그 기반이 되는 토지와 건물, 기계공구, 도서 등과 같은 고정자산과 그 이외의 각종 기금 등의 보유액을 가리킨다. 자기자금이 원칙으로 되어 있어 차입금 등으로 구입한 고정자산은 그 시점에서는 기본금이 되지 않는다.

기본금이라는 용어에서 현금을 연상하여, 현금과 예·저금의 형태로 금고나 은행계좌 등에 모아두고 있다는 오해를 받는 경우도 있으나, 기본금이란 교육 연구 활동을 영구적으로 지속해 가기 위해 필요한 순자산을 말하기 때문에 반드시 유동성이 높은 현재의 예금 등으로 되어 있지는 않다.

이미 건물이나 도서 등으로 형태를 바꿔 버렸기 때문에 자유롭게 사용할 수 있는 성격의 것도 아니다. 또한 기본금을 조금씩 빼서 쓰는 것은 교육 연구 활동을 중단한다든지 그 규모를 축소하는 경우 이외에는 인정되지 않고 있다.

기본금의 종류

기본금에는 제1호부터 제4호까지의 종류가 있다.

【제1호 기본금】

각 캠퍼스의 토지와 땅, 강의실·연구실·도서관 등의 건물, 실험·연구용 기계기구, 책상·의자 등의 집기비품, 도서, 사무기기 등의 고정자산을 말하며, 기본금 전체에서 큰 부분을 차지하고 있다.

【제2호 기본금】

장래의 교육연구 활동에 필요한 고정자산(장래 제1호 기본금이 될 것)을 취득하기 위해 몇 년에 걸쳐 계획적으로 편성해 가는 적립금

【제3호 기본금】

독지가, 교우, 교직원 등으로부터의 기부금 혹은 대학이 출자한 자금으로 만들어진 펀드를 말하며, 유가증권 등으로 자금을 운용하고 매년 받

을 수 있는 이자 등으로 장학 사업과 연구 지원 사업을 행한다.

【제4호 기본금】

이른바 운전자금. 대학이 여러 활동을 원활히 수행하기 위해 항상 보유하도록 정해져 있는 자금이다. 전년도 지출총액의 대략 12분의 1에 해당하는 금액으로 정해져 있다.

사업을 하는 회사의 경우는 사업에 도전해서 큰 이익을 얻을 가능성이 있다. 하지만 학교 경영은 학생을 받아들일 수 있는 수용력 capacity이 정해져 있다. 기부금과 같은 귀중한 돈도 크게 증가하는 것이 아니다. 게다가 문부과학성으로부터의 보조금은 말하자면 혈세 그 자체이다. 이 3가지 수입원으로 큰 이익을 올리는 것은 불가능하다.

우선 이미 져 버린 차입금을 줄이지 않으면 안 되었다. 차입금을 축소하기 위해 조기 상환을 검토했다. 은행의 담당자를 불러 「금리인하와 차입금 조기변제」를 요구했지만 물론 은행도 쉽게 이에 응하지는 않았다. 지금까지 너무 「좋은 손님」이었던 대학을 우습게 보고 있었을지도 모른다. 나는 은행 측에 다음과 같이 말했다.

"와세다대학은 오랫동안 꽤 많은 돈을 벌게 해 준 고객이 아닌가? 그런 와세다가 힘들 때 도와주는 것이 은행의 역할이 아닌가? 도와줄 수 없다면 거래 은행을 바꿀 수밖에 없다."

그러나 변제를 앞당길 때는 패널티 조항이 붙는다는 놀랄만 한 내용이 담긴 계약이었기에 결국 극히 한정된 범위의 상환밖에 실현되지 않았다.

그런 터무니없는 차입계약을 맺은 것은 과거의 대학이사회이기에 어쩔 도리가 없었다. 경영을 책임진 사람은 1년 2년 앞의 단기적인 시야가 아니라, 먼 미래를 전망하는 형태로 경영정책을 전개해 나가지 않으면 안 된다. 그렇지 않으면 자신들의 뒤에 올 교직원들의 발에 큰 납덩이를 매고 걷게 하는 것과 같은 것이다. 그러한 입장을 잘 인식해 두지 않으면 중요하고 힘든 과제를 뒤로 미루어 버리는 것이 된다. 1994년까지의 와세다대학이 실로 그런 상태였다.

그 때까지만 해도, 반복해서 교섭함으로써, 은행이 이전에 비해 대학 측의 요구를 받아들이는 편이 되기는 했지만, 조기상환에 따르는 패널티 조항에는 고생을 했다.

이러한 배경에서, 고액의 자금을 필요로 하는 시설 계획에 대해서는, 우선순위를 정해 순차적으로 실시하기로 했다. 지불 형식에 관해서는 종래의 일괄지불을 그만두고 장기분할지불로 했다. 이러한 교섭도 결코 간단하지 않았다. 이렇게 해서라도 단위 연도 자금 부담을 크게 경감시키려고 노력했다. 이는 단위 연도 수지의 변동을 억제하기 위해 지출을 평준화하는 의미도 있다.

또한 차입금 이자를 감소시키기 위해 금리 스왑을 체결한 것도 이 시기이다. 금리 스왑이란 금리가 높은 상품과 낮은 상품을 교체함으로써 장래의 금리 부담을 가볍게 하기 위한 수법인 것이다.

이러한 노력의 결과 2001년도 말에 차입금 잔액이 238억 엔까지 감소했다. 나아가 2002년도에는 27억 엔의 차입금 잔고 축소에 매진하여 연말에는 차입금 잔액이 211억 엔으로 감소하고 있다. 1995년도 피크였던 때와 비교해서, 유이자 부채를 거의 반감시키는 데 성공한 것이다. 또한 연간 22억 엔이었던 차입금 이자도 9억 엔까지 감소하였다. 앞으로 새로운 대규모 투자를 하지 않으면 안 된다는 전제가 있지만, 빚 1000억 엔이라는 악몽은 멀어져 갔다.

유휴자산의 매각

재정 개혁을 위해서는 우선 지출을 줄이기 위한 「경비 삭감」 및 「유이자 부채의 축소」와 씨름하지 않으면 안 되었다. 하지만 이것만으로는 문제가 해결되지 않는다. 경비 삭감과 유이자 부채의 축소는 첫걸음에 지나지 않는다.

개혁의 또 하나의 측면인 「수입 증가」에 대해서도 착수하지 않으면 새로운 사업이나 장래를 내다본 교육과 학문에 대한 계획이 멈추어 버린다. 이를 위해서는 재원 염출과 수입 획득의 사고방식이 도움이 된다. 구체적으로는 유휴자산의 매각(재원 염출)과 현물 기부나 기부금의 획득(수입 획득)이 있다. 기부금에 대해서는 제3장에서 상세히 기술하고 있기 때문에 여기서는 유휴자산의 매각에 대해 서술하고자 한다.

자산을 매각한다고 해서 마구 팔아먹는 것은 아니다. 일시적이라고 해도 사용하지 않고 있는 공장이나 오피스를 유휴자산으로 여기는 기업 경영과는 다르다. 대학의 경우에는 설령 유휴자산이라고 해도 자산 매각은 예외적인 케이스에 한정되어야 한다는 점은 강조해 두지 않으면 안 된다. 과거부터 전해져 오는 고정자산은 그 역사적 의미와 전통에서 보아도 대학의 중요한 기본 재산인 것이다. 대학의 선배들이 장래를 내다보고 고생해서 마련한 자산이라는 점을 잊어서는 안 된다.

그러므로 대학 회계에서는 과거부터 축적한 고정자산에 상응하는 기본금을 축적하여 유지하는 사고방식을 채용하고 있는 것이다.

그러나 수입의 측면에서 많은 증가를 기대할 수 없는 재정 상황에 처해서는, 유휴자산을 적극적으로 활용하는 수단의 하나로서, 자산 매각은 매우 유효한 재원 염출 방식인 것이다. 특히 재정난에 빠진 경우에는 귀중한 재원이 된다. 다만 자산 매각에 따른 수입은 교육 연구 환경의 정비·충실이라는 「대학의 가치를 향상시키는 사업」에 투입되어야 하며, 운영 비용인 소비과목으로 사용되어서는 안 된다. 이것이 내가 생각하는 '넘어서는 안 될 하나의 선'인 것이다.

자산은 다음과 같이 매각해 갔다.

우선 1996년도에 가루이자와軽井沢의 토지 약 1만 평과 「코트 니시와세다コート西早稲田」의 일부를 매각해서, 자산매각에 따른 차액 58억 엔을 계상했다. 이들 귀속수입을 재원으로 삼아 장래의 시설 정비를 위한 자금으로 30억 엔을 제2호 기본금에 편성할 수 있었다.

또한 1999년도에는 「코트 니시와세다」에 있는 건물 7채를 매각하여 1억 3천만 엔의 자산매각 차액을 계상했다. 거기에는 대학 소유의 맨션이 있었다. 해외에서 방문하는 학자와 연구자들이 1년 이상 장기 체류할 수 있도록 준비한 것이다. 물론 대학은 임대료를 받아 운영하고 있었지만, 토지 가격의 하락과 유지비를 고려하자면, 매각하는 편이 유리하다고 판단했다.

또한 2000년도에 히가시후시미東伏見 역 앞 수영장 부지를 매각할 때는 「민간 도시개발 추진기구」의 자금을 활용하였다. 이러한 새로운 자금 조달 방법을 이용해서, 대학의 전반적인 자금 부담을 크게 경감시켰다.

나아가 2000년도에는 도쿄도의 샤쿠지이石神井천 확장 보수 공사에 수반하여, 체육시설이 집중된 히가시후시미東伏見 교지校地의 일부를 도쿄도에 매각하고, 그 대금으로 가미이구사上井草 땅과 부속시설을 구입하였다.

이처럼, 유휴자산 등의 매각은 일시적인 자금 조달이나 당해 연도의 귀속 수입을 임시적으로 증가시키기 위해서가 아니라, 장래의 시설 계획에 대비한 준비자금의 염출이나 교육 연구 조건을 개선시키는 신규 사업의 전개를 위한 자금 조달 계획을 세우고 시행했다. 그렇게 하지 않으면 고생해서 대학을 키워 준 여러 선배들을 배신하는 것이 된다. 대학의 경영은 과거로부터의 연속성을 항상 머리에 넣어 두지 않으면 안 되는 것이다.

양상이 바뀐 재무체질

오쿠시마奧島 전 총장 시대의 8년간을 포함한 10년간(1995~2004년, 편의상 이하 오쿠시마 전 총장 시대라 한다)이 구체제의 10년간(1985년~94년, 이하 구체제 시대라 한다)과 비교해 얼마나 성과를 올렸는지를 실제로 숫자로 나타내 보겠다([도표04] 참조).

숫자로 잘 알 수 있듯이 구체제 시대 10년간은 차입금 등의 「부채」를 베이스로 한 재정 운영이었다. 대학의 장래를 위해 좋을 이유가 없다.

반면에 오쿠시마 전 총장의 시대는 완전히 다르다. 이른바 「자기자금」을 베이스로 한 자금운영이었다.

[도표04] 재정수치의 비교증감 일람 (10년간의 합계액 비교) (100만엔)

과목				전기10년간계 (1985~1994년도)	후기10년간계 (1995~2004년도)	증감비교 (후기~전기합계)
수입	귀속수입	학생생도 등 납부금		353,660	492,139	138,479
		수수료		47,475	42,849	-4,626
		기부금		29,230	32,096	2,866
		보조금		70,388	110,407	40,019
		그 외 수입		75,208	103,106	27,898
		①귀속수입 합계		575,961	780,597	204,636
지출	소비지출	인건비		313,684	387,336	73,652
		교육연구 경비		147,648	245,731	98,083
		관리 경비		22,536	37,692	15,156
		차입금 등 이자		9,807	13,690	3,883
		그 외 지출		1,193	2,929	1,736
		②소비지출 합계		494,868	687,378	192,510
	기본금지출	시설관계지출	창립100주년기념사업 (모금대상사업)	26,115		-26,115
			연구교육강화사업 (모금대상사업)	10,292		-10,292
			체육관련시설	4,062	5,597	1,535
			교육연구동 신축		9,595	9,595
			교육연구동 구입		4,798	4,798
			학생회관 신축		8,351	8,351
			그 외 시설관계 지출	45,086	53,007	7,921
			시설관계 지출	85,555	81,348	-4,207
		설비관계 지출		32,151	42,450	10,299
		차입금 등 증감 (토지신탁 제외)		23,962	-18,202	-42,164
		그 외 지출		-3,779	-9,172	-5,393
		③기본금 지출 합계		89,965	132,828	42,863
④지출합계(②+③)				584,833	820,206	235,373
⑤소비수지 차액(①-④)				-8,872	-39,609	-30,737
총차입금	차입금			24,353	-16,856	
	토지신탁 차입금			4,533	-3,515	
	학교채			-511	-734	
	증감액 합계			28,375	-21,105	

주: 각 수치는 100만 엔 미만을 조정하고 있기 때문에, 합계액과 공제액이 계산 결과와 일치하지 않는 경우가 있다.
기본금 지출 합계=시설관계 지출설비관계 지출-차입금 증감+그 외의 지출

오쿠시마 전 총장 시대 10년간은 경비 삭감 등으로 660억 엔 이상의 경제 효과를 창출하는 한편, 신규 사업 등의 교육 환경의 충실·정비를 위한 적극적인 투자를 실시할 수 있었다. 또한 유이자 부채를 적극적으로 축소해 제2호 기본금을 증액시키는 등 내부 유보를 위해 노력하고, 대학 경영의 건전화를 위한 정책을 추진하여 성과를 올렸다.

(1)귀속수입

오쿠시마 전 총장 시대의 귀속수입은 구체제시대의 5,760억 엔에서 7,806억 엔으로 2,046억 엔 증가했다. 증가분의 내역은 학생들의 납부금(학비수입)이 1,385억 엔, 보조금이 400억 엔, 사업수입 등이 279억 엔이다.

(2)소비지출

오쿠시마 전 총장 시대의 소비지출은 구체제 시대의 4,949억 엔에서 6,874억 엔으로 1,925억 엔 증가했다. 이는 인건비를 737억 엔, 교육 연구 경비를 981억 엔 증가시킨 결과이다. 교육 연구에는 적극적으로 투자한 것을 나타낸다.

(3)차입금 잔액

차입금 잔액은 구체제 시대에 284억 엔이나 증가한 데에 비해 오쿠시마 전 총장 시대에는 역으로 211억 엔이나 잔액을 감소시켜, 유이자 부채를 적극적으로 줄였다.

(4)소비지출 초과액

소비지출 초과액, 즉 경상수지 적자액은, 구체제 시대에는 차입금을 베이스로 재정 운영을 실시했기 때문에 표면상으로는 수지 밸런스가 좋아 89억 엔 증가에 머물러 있다. 이에 비해 오쿠시마 전 총장 시대에는 차입금을 적극적으로 상환한 결과 적자액이 396억 엔이나 증가하고 있다. 이러한 증가의 대부분이 차입금의 상환분이다. 은행과 끈질기게 교섭하여 단기 고리의 차입금을 장기 저리의 차입금으로 대체해 가는 한편으로 차입금의 상환을 추진한 결과인 것이다.

부채와 적자의 증가는 구체제 시대가 372억 엔인데 비해 오쿠시마 전 총장 시대에는 185억 엔으로, 재정적인 마이너스 요인을 획기적으로 감소시켰다.

(5)제1호 기본금

규모 확대나 교육의 충실을 위해 취득한 고정자산을 나타내는 제1호 기본금 가운데, 시설 관계와 설비 관계의 합계액을 보면, 구체제 10년간의 합계가 1,177억 엔인 데 비해, 오쿠시마 전 총장 시대에는 재정 재건을 실행하면서도 구체제 시대를 상회하는 1,238억 엔의 투자를 실시하고 있다.

(6)제2호 기본금

장래의 고정 자산 취득을 위해 적립하는 제2호 기본금은, 구체제 10년간은 써서 없애 버린 데 비해 오쿠시마 전 총장 시대에는 잔액을 145억 엔이나 증가시켰다.

[도표05] 주요한 재무 비율의 비교(1995년도/2003년도)

	항목	목표	1995년도 (%)	2003년도 (%)	비교 (포인트)
동태비율	차입금 등 잔액/학생생도 등 납부금 (203억 엔/552억 엔)	33% 이내	92.6	36.8	55.8 개선
	인건비의존율 (인건비/ 학생생도 등 납부금) (413억 엔/552억 엔)	80% 이내	87.6	74.7	12.9 개선
	총인건비 의존율 (총인건비/ 학생생도 등 납부금) (470억 엔/552억 엔)	80% 이내	94.9	85.1	9.8 개선
	교육연구경비비율(교육연구경비/귀속수입) (293억 엔/880억 엔)	30% 이상	30.5	33.3	2.8 개선
	차입금 등 이자비율 (차입금 등 이자/귀속수입) (4억 엔/880억 엔)	낮은 수치가 좋음	3.3	0.5	2.8 개선
	귀속수지차액 비율 (귀속수지차액/귀속수입) (123억 엔/880억 엔)	10% 이상	3.3	14.0	10.7 개선
	소비수지차액비율 (소비수지차액/귀속수입) (-46억 엔/880억 엔)	플러스가 좋음	-8.5	-5.3	3.2 개선
정태비율	자기자금 비율 (자기자금/총자산) (2301억 엔/3033억 엔)	80% 이상	64.3	75.9	11.6 개선
	고정비율(고정자산/자기자금) (2720억 엔/2301억 엔)	낮은 수치가 좋음	142.9	118.2	24.7 개선
	총부채비율(총부채/총자산) (731억 엔/3033억 엔)	30%이하가 건전	35.7	24.1	11.6 개선
	부채비율(총부채/자기자금) (731억 엔/2301억 엔)	낮은 수치가 좋음	57,072	17,490	23.7 개선

※차입금잔액 약 390억 엔→약 203억 엔(2003년도말)잔액 약 187억 엔(약 48%) 삭감
※차입금이자 약 21억 엔→약 4억 엔(2003년도) 약 17억엔(약 80%) 지출 억제
※괄호 안은 2003년도 수치10

이상과 같이, 오쿠시마 전 총장 시대는 ***"재정의 독립 없이 학문의 독립 없다"***는 독트린을 확립하여 재정 개혁에 성공했던 것이다. [도표 05]를 통해서도 재무 비율의 호전을 알 수 있을 것이다.

변하기 시작한 교직원의 의식

변화는 숫자만이 아니다. 이 10년 동안 교수들의 의식도 완전히 변했다.

아직도 충분히 개선되었다고 하기는 어렵지만, 구 이사회 시대의 와세다대학에서는 재무가 교학의 계획에 대해 발언할 기회가 봉쇄되어 왔다. 그 결과 재무는 교학의 결정에 따라서 자금을 조달하는 것이 주된 업무로 되어 있었다. 건전한 자금 조달 계획은 「교육」이라는 명분 아래 무시되고, 차입금을 부풀리는 소지가 되어 왔다. 다만, 경제의 고도 성장과 18세 인구의 증가가 계속되고 있던 고도 성장기에는 그래도 어떻게든 굴러갔다. 시대가 앞뒤를 맞춰 주고 있었던 것이다.

일본의 대학에서는 교육과 학문이 최우선이 되어 교학 사이드가 모든 권한을 쥐고 있었던 것이 위기를 불러 온 원인이다. 와세다 대학뿐만 아니라 대부분의 대학이 같은 구조를 안고 있을 것이다. 왜냐하면, 일본의 사립대학에서는, 교육 연구와 재무 경영이 직책상으로도 조직상으로도 분리되어, 최종적인 결정권은 사실상 교육 연구 사이드가 쥐고 있기 때문이다.

재무의 지위를 향상시켜 발언권을 인정하지 않으면 아무도 교육 연구 사이드의 요구에 대해 노(No)라고 말할 수 없다. 그 결과 대학 재정의 악화는 막을 수 없다. 대학 재무를 교학과 동등한 중요한 부서로 자리매김하지 않고는 대학 개혁과 「학문의 독립」은 실현될 수 없다고 해도 과언이 아니다.

이미 서술한 바와 같이, 대학 재정은 혁명적으로 개선되었다. 앞서 서술한 것처럼, 경비 삭감의 의식을 정착시키기 위해 이사의 공용차, 개인사무실, 법인 카드 등의 특권을 박탈한 것이다. 다소 과장이긴 하지만, 세 개의 특권을 없앰으로써 경비 삭감과 유이자 부채의 삭감, 차입금 이자의 축소 등 660억 엔 이상 경제 효과를 산출한 것이다.

산업계의 감각으로 보면 너무 늦은 감이 있지만, 나타나기 시작한 교직원의 의식 변화는 도처에 있다. 현재에는 학부 신설이나 대학원 신설 등을 의논하는 경우, 이사회에서도 먼저 재정수지에 대한 이야기부터 시작하게 되었다.

예를 들면, 대학원 파이낸스 연구과를 만들 때도, 국제교양학부를 만들 때도, 반드시 최고책임자가 이사회에 출석하여, 교학은 이런 방법으로, 인원수는 이렇게, 그 인원수와 초빙할 교수의 수의 밸런스는 이렇게, 교학은 이런 수준으로는 문제가 없을까, 혹은 인건비의 견적은 너무 안이한 것이 아닌가 등을 살펴본다. 그러한 과정만으로도 구체제와 비교하면 훨씬 나은 것이지만, 최근에는 단위연도의 수지만이 아니라 단기 3개년 계획까지 솔선하여 제출하도록 하고 있다.

이러한 재생을 다양한 측면에서 지지해 준 것은 독트린을 확립한 오쿠시마 전 총장이다. 그의 높은 역량은 "미국 대학의 총장과 같이, 학자이면서도 대학 재정을 항상 생각하고 있던 사람"이라는 말로 표현할 수밖에 없을 것이다. 말하자면, 「비즈니스 마인디드 학자」였던 것이다. 재정을 맡은 입장에서 보면 이상적인 총장인 것이다. 앞으로 더 나은 세계 수준의 대학을 지향하여, 「세계 유수의 대학 재정」을 지향할 수 있는 대학은, 일본에서는 와세다밖에 없다고 확신하고 있다. 교육투자를 계속해 가면서 재무상황을 개선했다는 의미에서, 확실히 와세대대학은 되살아난 것이다.

제3장

재정의 독립 없이
학문의 독립 없다

와세다대학 재정의 현실을 검증하다

본 장의 논지를 이해할 수 있도록, 와세다대학의 20년간에 걸친 재정의 추이를 있는 그대로 소개해 두고자 한다.

여기서 얻을 수 있는 교훈은, 20세기의 총결산(총재고 정리)을 검토할 필요가 있다. 20세기 말에 부각된 대학 재정의 특징은, 수입의 성장세가 감소하는 한편 지출이 증가하였다는 사실이다. 그 결과 와세다대학에서는 매년 50억 엔 전후의 소비지출 초과를 피할 수 없었다.

21세기를 맞이한 현재, 20세기의 반성과 교훈을 새로운 시대에 반영하는 것이 요구된다. 이를 위해서는 대학 경영의 혁신을 단행하지 않으면 안 된다. 숫자의 추이를 통해 와세다대학의 재정 실패와 문제의 소재를 충분히 파악해 주었으면 한다.

다음에 제시하는 그래프들은, 소비지출 계산상의 주된 수치의 움직임에 의해 1984년도에서 2003년도에 이르는, 과거에서 현재까지의 재정 추이를 나타낸 것이다.

그래프에서 읽을 수 있는 과거 20년간의 대학 재정의 특징을, 각각의 항목과 기간에 따라 설명하고자 한다.

【도표06】 소비수지 차액 추이

와세다대학 재정수지의 기본 구조는 수지의 균형을 꾀하지 않고 지출초과가 일반화되어 왔다.

기업 회계에서 매상고에 해당하는 것이 귀속수입이다. 여기에서 고정자산 투자액 등을 기본금으로의 지출액(밸런스 시트상은 편

【도표06】소비수지 차액 추이

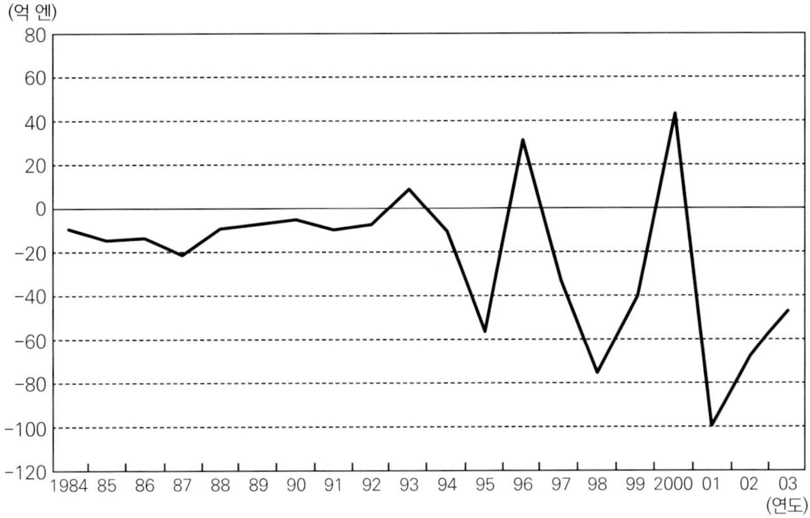

입)으로 보아 뺀 것이 소비수입이다. 이러한 소비수입과 소비지출을 비교한 소비수지 차액은, 1993년도와 1996년도, 2000년도의 세 해를 제외하면, 소비지출 초과이다. 이 세 해의 소비수입 초과에는 각각 자산 매각이 있었다는 특수한 사정이 있다.

• 1993년도는 니시와세다 재개발 사업 종료에 따른 자산 매각 차액이 계상되었다.

• 1996년도는 카루이자와 하나레야마 산하 토지 매각과 「코트 니시와세다」의 일부 매각에 의한 자산 매각 차액이 계상되었다.

• 2000년도는 히가시후시미 캠퍼스 땅의 일부 매각에 의한 자산 매각 차액이 계상되었다.

즉, 대학은 구조적으로는 매년 운영 비용이 많아, 적자액을 어딘가에서 부담하지 않으면 안 되는 숙명에 있다.

【도표07】경상적 수입과 학생납부금의 추이

대학 전체 수입인 귀속수입에는 기부금과 자산매각 차액이 포함되어 있다. 이들은 임시 수입이기 때문에 이를 제외한 경상적 수입의 추이를 생각할 필요가 있다. 와세다대학에서는 귀속수입에서 기부금과 자산매각 차액을 뺀 수입을 경상적 수입이라 부르고 있다. 간단히 정리해 두면 다음과 같다.

• 소비수입=귀속수입-기본금 편입액을 말하며 설비투자 이외의 일상적인 지출에 사용할 수 있는 수입

• 경상적 수입=귀속수입-기부금-자산 매각 차액을 말하며 비교적 안정되게 들어오는 수입

경상적 수입은, 1984년도가 389억 엔이고 2003년도가 836억 엔으로, 2배 이상 증가한 것을 나타낸다. 다만 1984년도부터 1990년도까지의 성장과 비교하면, 1991년도 이후는 성장률이 침체되어 있다는 사실에 주목해야 한다. 기업에서 말하는 매상을 크게 늘릴 수 있는 환경은 아니라는 것이다.

그리고 이러한 경상적 수입의 60% 이상은 학생의 납부금, 즉 학비이다. 이 학비는 1985년도부터 정액 점증 방식으로 바뀌었다. 매년 미리 정해둔 액수만큼 학비를 올리는 방법이다. 그러나 1989년도부터는 점증액의 인하를 단행하여, 1993년도에는 학비를 전년과 동액으로 책정했다.

또한 1994년도부터 1997년도까지는 전년도를 기준으로 미리 정해 둔 비율로 학비를 인상하는 정률 점증 방식으로 변경하여, 3.2%의 인상률을 적용하였다. 그리고 1998년도부터는 수업료 인상률을 1.9%로 인하하고, 시설비를 정액으로 개정하기로 하였다. 나아

【도표07】 경상적 수입과 학생납부금의 추이

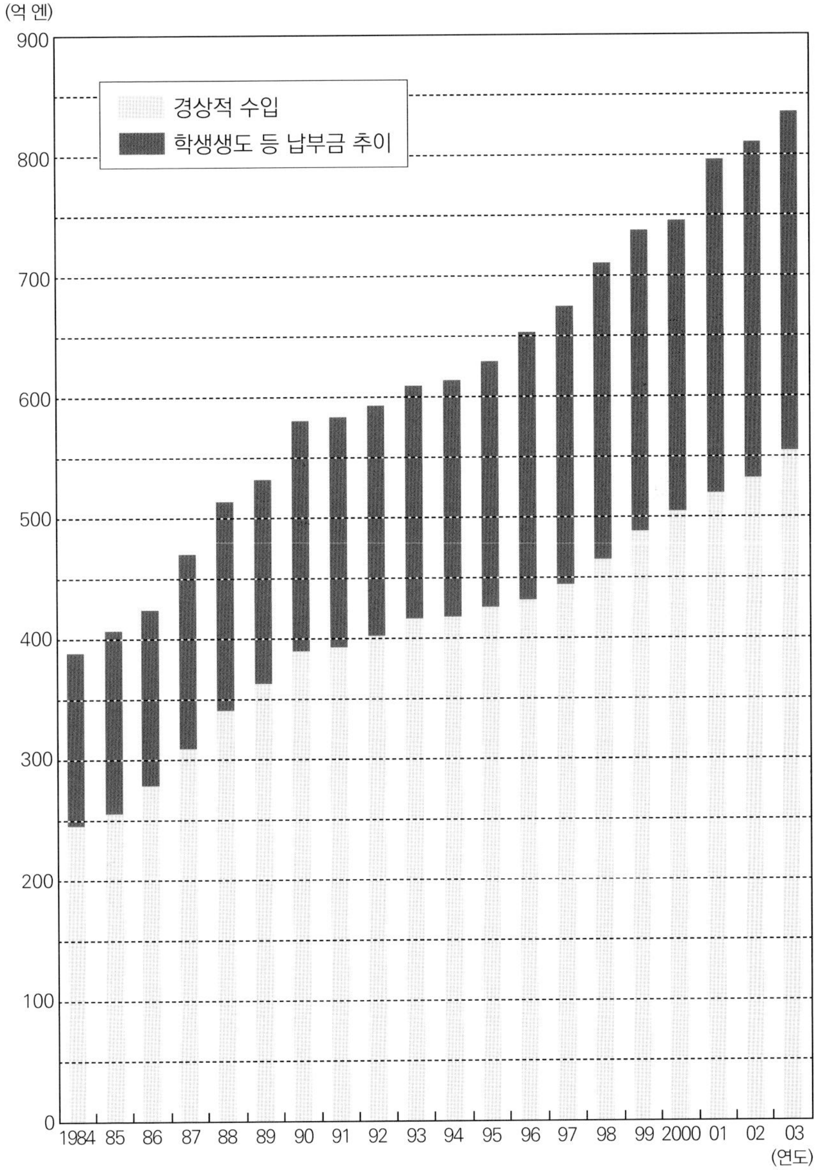

가 2002년도부터는 수업료 인상률을 1.5%로 인하하여 재학생은 감액하게 되었다.

이러한 인상률 변화를 반영하여 수입의 주축인 학생납부금 성장세는 서서히 완만해져 있다. 수입은 다른 방도를 찾지 않으면 안 되게 된 것이다.

이런 숫자를 소개해 주고 싶다. 내가 상과대학을 졸업한 1953년에 학비는 3만 3,600엔이었다. 2005년도에는 첫해 납부금이 118만 3,700엔으로 실로 30배 이상 인상되었다. 이에 비해 쌀 가격은 6배, 역 앞에서 서서 먹는 메밀국수는 10배, JR 첫 승차 운임은 13배, 대졸 첫 임금은 24배 정도이며, 와세다대학이 지불하고 있는 인건비는 100배를 넘었다. 학비를 부담하는 학부모에게 "이만큼 듭니다." 라고 말하면 낼 수도 있겠지만, 그러한 학부모의 「아이 사랑」의 감성에 호소하는 무리한 요구는 아닐까?

이제부터는 학비의 사용 지출 항목에 대한 설명도 당연히 요구할 수 있을 것이다.

【도표08】 수수료의 추이

수수료의 대부분을 차지하는 것은 입학검정료이다. 이는 18세 인구 추이와 경기에 크게 영향을 받는다. 경기가 좋을 때에는 다수의 학부에 복수로 수험하는 학생이 늘기 때문이다.

18세 인구가 205만 명으로 최대였던 1991년도에는 본 대학의 입학지원자가 17만 명으로 최고치를 기록하였다. 그 당시 대학원에서 학부, 고등학원까지의 입학검정료 수입은 51억 엔이었다. 그러나 2003년도에는 입학지원자 수가 13만 명으로, 입학검정료 수입은 46억 엔으로 떨어졌다. 그래프에는 나타나 있지 않지만, 최근 2004년도 예산에는 입학지원자가 12만 명, 입학검정료 수입은 40억 엔으로 나타나 최고조이던 때에 비해 실로 11억 엔이나 감소하고 있다.

【도표08】 수수료의 추이

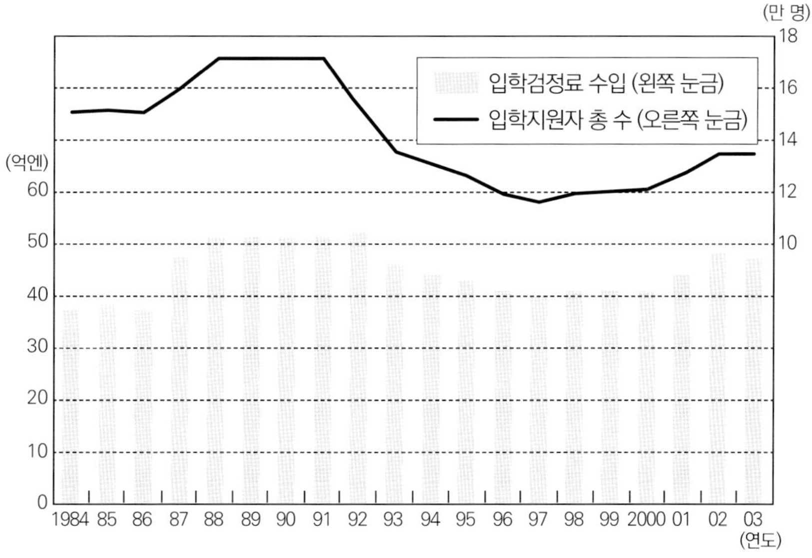

【도표09】 보조금의 추이

보조금은 1984년도 당시에는 60억 엔이었으며, 그 후 경상비 보조금을 중심으로 해마다 증가하였다. 그 결과 2003년도에는 역대 최대인 136억 엔이 되었다. 그러나 국가 예산의 현재 상황에서 보면, 이 이상의 증가를 기대하기란 어렵고 앞으로 감소해 갈 가능성이 높다.

【도표10】 자산운용수입의 추이

자산운용수입의 주요 부분이 되는 수취이자·배당금(제3호 기본금 운용수입 포함)은 주가 하락과 금리인하 등으로 매우 어려운 상황에 있다.

자산운용은 고금리 시장을 배경으로 한 버블 시대에는 견고한 추이를 나타내 왔다. 그런데 1990년도를 정점으로 감소 경향으로 전환한다. 현재의 금리 상황은 최저 수준에 있으며, 그 결과 1990년도에는 자산운용수입 전체로 37억 엔의 실적을 나타냈던 것이 2003년도에는 14억 엔으로 감소하였다. 운용처를 분산시키고 효율적인 자금운용에 힘쓰고 있지만 낙관할 수 없는 상황인 것이다. 이러한 금리 환경 하에서는 장학금에 영향을 주기 때문에, 높은 이율이 기대되는 부동산 증권화 사업에 투자하는 등 한 명이라도 더 많은 장학생을 배출하기 위해 노력하고 있다.

【도표09】 보조금의 추이

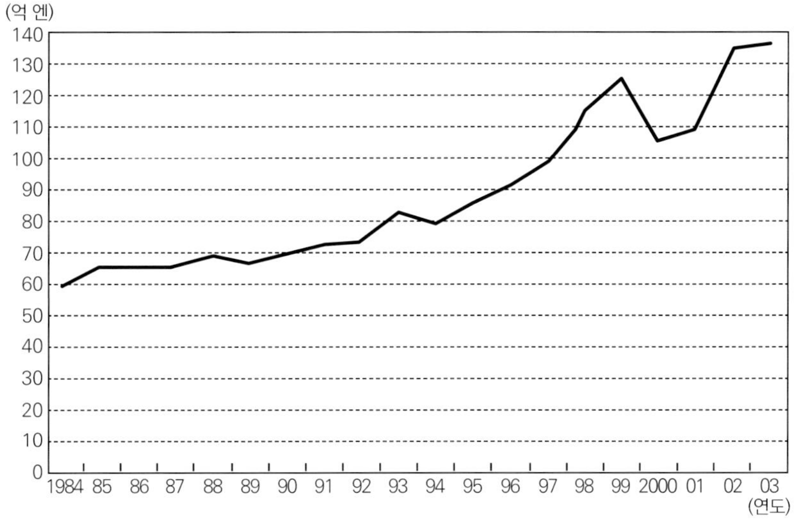

【도표10】 자산운용수입의 추이

【도표11】기본금 편입액의 추이

기본금 편입액은 학교건물과 기계기구, 도서 등의 고정자산을 자기자금으로 취득한 금액을 말한다. 최근의 1999년부터 2003년까지 5년 평균으로 보면 161억 엔이 된다. 참고로 사립대학 중에서도 규모가 큰 13개 대학의 평균 연간 편입액은 100억 엔 전후이므로 와세다대학의 투자액은 크다고 할 수 있다. 오쿠시마 전 총장 시대 이후 10년간의 총액은 1,200억 엔으로 그 이전 10년간을 웃돈다. 차입금에 의존하지 않는 재정 운영을 하고 경비를 철저하게 줄여가면서도, 시설과 설비 등의 교육 연구 환경의 정비·충실에는 돈을 아끼지 않았던 것을 의미한다.

【도표11】기본금 편입액의 추이

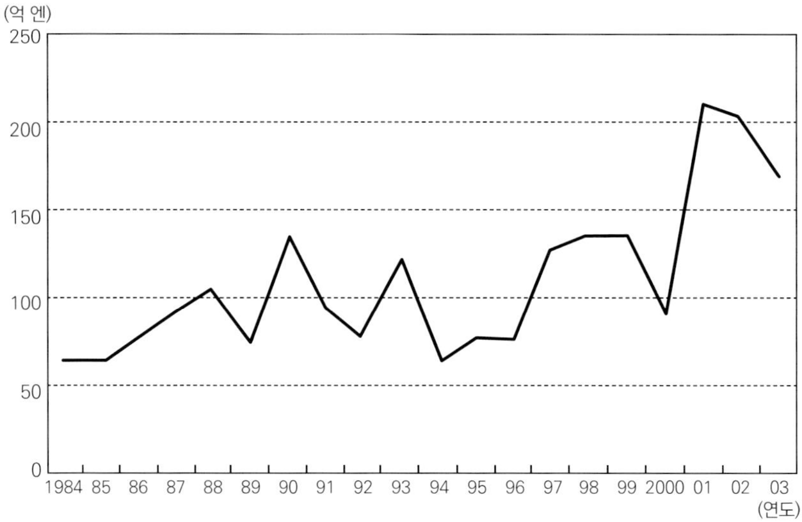

【도표12】 인건비의 추이

향후에는 총 인건비의 조정이 대학 재정상의 커다란 과제가 된다. 피할 수 없는 개혁의 하나이다. 이것은 시대적 반영이며, 또한 사회적 비판을 받지 않도록 하지 않으면 안 된다.

1990년대까지는 인건비가 추세적으로 점차 상승하였다. 하지만 1996년도 이후에는 거의 변동이 없다. 선택 정년이나 파견 아르바이트 위탁비로의 전환이 촉진된 결과이다. 그러나 인건비는 2003년도에 413억 엔으로 여전히 소비 지출의 55%를 차지하고 있다. 최근 수년 인건비가 다시 늘어나는 경향이지만, 이는 새로운 학부와 대학원을 개설하면서 교원을 늘렸기 때문이다. 또한 총 인건비 의존율(위탁비 등을 포함한 총 인건비/학생의 납부금)을 살펴보면 85%로 대단히 높은 비율이다. 여전히 높은 수준에 있는 것이다.

【도표12】 인건비 추이

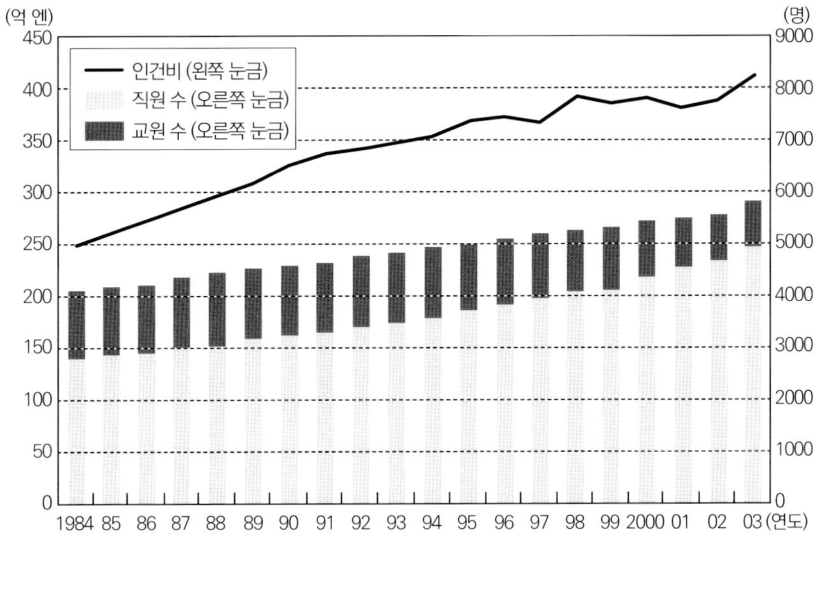

【도표13】 교육 연구 경비와 관리 경비 추이

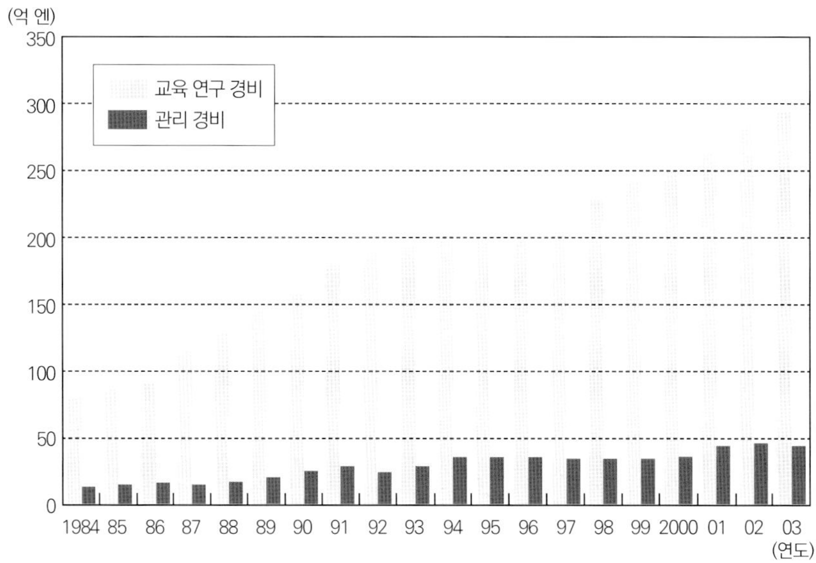

【도표14】 차입금 등 이자의 추이0

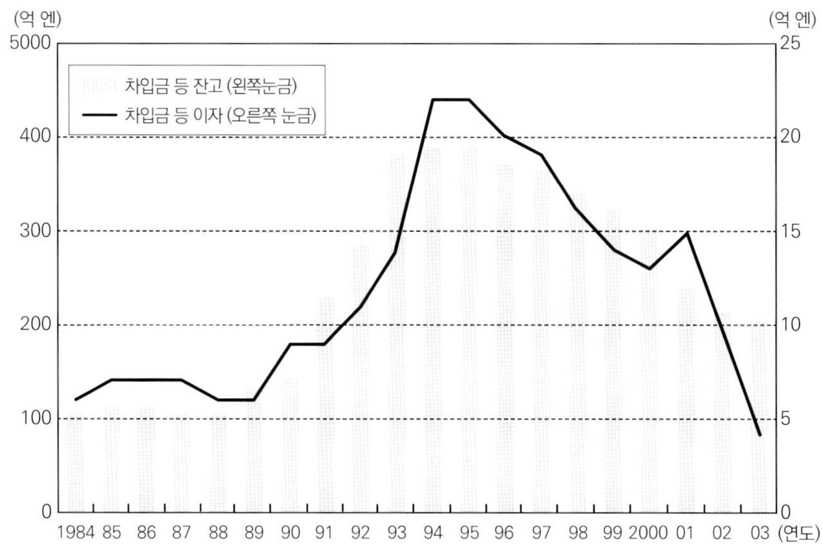

【도표13】 교육 연구 경비와 관리 경비의 추이

교육 연구 경비는 매년 정책적으로 중점을 둔 예산 조치를 강구하고 있다. 이 지출은 대학에 있어 가장 중요한 지출이라 재정적으로 어려울 때도 점차적으로 증가시켜 왔다. 최근에는 「정보화 추진 계획」 등을 비롯하여, 중점적인 예산 배분을 시행하고 있다. 교육 연구 수준은 대학이 21세기의 경쟁에서 살아남기 위한 기본적 조건이 된다.

1995년도 예산부터 경비의 일률적인 5% 감소를 계속 실시하고 있다. 최종 목표는 정하지 않고 매 기별로 새로운 목표를 설정하고 있다. 또한 관리 경비는 학교 전체가 경비 절감 운동을 전개해 온 성과가 나타나, 그래프는 큰 변동을 나타내고 있지 않지만, 2000년에 들어서면서 상승 경향이 보이기 시작했다. 그 이유는 이 기간 동안 대학원과 학부의 신설이 잇따라 학생 수·교원 수가 증가하였고, 이에 따라 필요한 관리 경비의 증가 때문이다. 관리 경비 삭감을 포기한 것은 아니다.

【도표14】 차입금 등 이자의 추이

차입금 등의 잔고는 1996년 이후 점차 하락하는 그래프를 나타낸다. 차입금 등의 잔고는 1995년도가 피크(390억 엔)였고, 차입금 등의 이자도 22억 엔으로 최대였다.

그러나 차입금의 차환이나 금리 스왑 등의 「유이자 부채의 축소」에 힘쓴 결과 지불이자의 축소와 차입금 잔고 경감에 큰 성과를 올리고 있다. 2005년도 예산 원안을 보면, 차입금은 150억 엔, 지불이자는 3억 5000만 엔까지 줄어드는 것으로 정해져 있다.

아시겠는가? 수입의 주축인 학생 납부금, 수수료, 보조금 등은 모두 앞으로는 증가를 기대할 수 없다. 반면에 국제적인 경쟁에 살아남기 위해서는 고정자산이나 교육 연구 경비를 삭감할 수도 없다. 이러한 상황에서, 수지 개선을 위한 적극적인 시책을 강구하지 않으면 안 된다. 그렇다면 손을 댈 수 있는 것은 인건비, 관리경비, 차입금 등의 이자밖에 없는 것이다.

캐시 플로의 질적 전환

본 대학의 1984년도~2003년도 재정 추이를 캐시 플로Cash Flow, 자금 출입액로 나타내면 [도표15]와 같다. 수중에 자금이 없어지면 사업이 흑자여도 도산할 위험이 있기 때문에 기업의 경리담당자에게는 이 지표가 매우 중요하다.

1995년도를 경계로 전체 캐시 플로가 완전히 반대로 움직이고 있다. 그 이전은 마이너스(즉, 수중에서 자금이 유출되고 있는 상태)에서 그 이후는 플러스(수중에 자금이 모이고 있는 상태)로 바뀌고 있다. 말하자면, 자금 조달에 여유가 생긴 것이다.

학교법인의 사업 활동은 「교육 연구 활동에 의한 캐시 플로」, 「시설 등 정비 활동에 의한 캐시 플로」, 「재무 활동에 의한 캐시 플로」의 3가지로 구분된다. 이 가운데 「교육 연구 활동」과 「시설 등 정비 활동」의 두 가지 캐시 플로는 넓은 의미에서 「교육 연구 활동」에 해당한다. 대학 시설은 교육 연구 활동을 수행하기 위한 것이기 때문이다. 이 두 가지를 그래프에는 「사업 캐시 플로」로 하나로 합쳐 두었다.

학교법인 회계의 이념에서 보자면, 「사업 캐시 플로」는 플러스가 되는 것이 기본이다. 또한 이로써 염출된 캐시 플로는 장래를 대비한 각종 충당 자산으로서 모아 가는 것이 바람직한 모습이다. 다만 정책적인 사정에 따라, 특정 연도에 시설 건설이 집중하여 「사업 캐시 플로」가 마이너스가 되는 경우도 있다. 이 경우에는 사업 캐시 플로의 마이너스를 메우기 위해 과거부터 모아 온 충당용 자산을 사용하는 것이 바람직하다. 이러한 마이너스는 「재무 활동에 의한 캐시 플로」로부터 보충하는 것이 된다.

이러한 기준에서 본 대학의 재정 운영을 검토해 보자. 먼저 1990~93년도의 4년간 「사업 캐시 플로」는 연속하여 큰 액수의 마이너스를 기록하고 있다. 이는 물론 정상적인 재정 운영이 아니다.

【도표15】 캐쉬 플로(CF)의 추이(1984~2003년도)

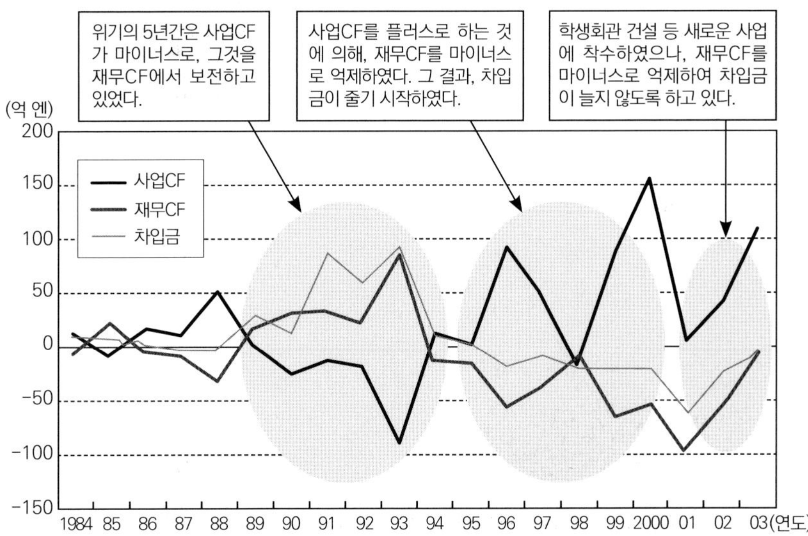

이 4년간을 포함하여 1987~94년도까지 8년간의 「사업 캐시 플로」는 실로 82억 엔의 마이너스였다. 이러한 마이너스를 「재무활동에 의한 캐시 플로」로 보전하고 있었던 것이다. 게다가 그것을 자금 비용이 높은 차입금으로 조달하고 있었다. 원래는 충당용 자산을 깨어야 하지만, 충당 자산에는 여러 제한이 가해져 있어 간단히 깨서 부족분을 메우는 데 쓸 수는 없다.

이에 비해, 1995~2000년도 6년간의 「사업 캐시 플로」는 359억 엔 플러스이다. 이 가운데 244억 엔을 「재무 활동에 의한 캐시 플로」에 투입하였다. 그 내역은 차입금 변제에 88억 엔, 충당자산을 모으는 데 152억 엔 등이었다. 이러한 건전 재정의 흐름은 현재까지 이어지고 있다. 이전 8년간의 캐시 플로 추이와는 정반대의 내용인 것이다. 캐시 플로가 질적으로 크게 전환된 것을 알 수 있을 것이다.

이상으로 과거 20년간의 있는 그대로의 재정 추이를 살펴보았다. 이제부터는 와세다대학의 건학 정신을 돌아보면서 새로운 시대를 향한 와세다대학의 재정 정책을 서술해 보고자 한다.

와세다대학의 건학 정신

와세다대학의 건학 정신이 「학문의 독립」인 것은 널리 알려져 있다. 그러나 「학문의 독립」은 「재정의 독립」이 뒷받침되어야만 실현된다. 그러한 중요성을 강조한 사람은 제3대 총장 타카다 사나에高田早苗선생이었다. 타카다 전 총장은 그때까지의 오쿠마 시게노부大隈

重信 후작에게 의존하고 있던 학교 재정의 독립을 도모하였다. 「학문의 독립」은 정부의 간섭을 받지 않을 「학문 연구의 자유」임과 동시에 「재정의 독립」을 필요로 한다는 점을 잘 알고 있었던 것이다.

일본에서 창립 당초부터 「학문의 독립」을 내걸었던 대학은 와세다대학뿐이었다. 학문의 독립은 「학문의 자유」를 의미한다. 「학문의 자유」와 「표현의 자유」야말로 민주주의의 기본 원리이며, 그 원리를 와세다대학은 근대의 초입에 선언했던 것이다. 이러한 「학문의 자유」와 「민주주의」의 추진은 전후 일본국헌법을 구성하는 기본 원리의 하나가 되어 있기도 하다.

와세다대학의 3대 교육취지의 하나이기도 한 「학문의 독립」은 교원·직원이 즐겨 사용하고 있지만, 내용을 제대로 이해하지 않고 제목만을 주창하는 것만으로는 그저 공염불에 그치며 실현되지 못한다. 사립대학에 있어 「학문의 독립」은 「재정의 독립」 없이는 실현될 수 없다. 만일 대학 재정이 악화되면 정부 보조금에 의지하든지, 금융기관에서의 차입금에 의존하게 된다. 그렇게 되면 「학문 연구의 자유」는 위기에 직면하게 된다. 「재정의 독립」이야말로 「학문의 독립」을 뒷받침하며, 일본의 민주주의 발전에 기여하는 길인 것이다. 이것은 또한 와세다대학의 역사적 사명이기도 하다.

오쿠시마 전 총장은 와세다대학 학문 발전의 장래와 「학문의 독립」이 위기에 직면해 있다는 현실을 취임 당초부터 충분히 이해하고 있었음에 틀림없다. 그래서 「학문의 독립」과 「재정의 독립」의 양립을 지향한 것이다. 이 같은 「오쿠시마 독트린」을 충실히 따름으로써 「학문과 재정의 독립」 및 「대학 재정의 투명성」을 실현할 수 있었다고 여기고 있다.

현재 와세다대학만큼 「재정의 독립」과 「대학 재정의 투명성」이 진전되어 있는 대학은 없다. 그 증거로 와세다대학은 일본의 대학으로는 처음으로 재무제표의 상세한 내용을 홈페이지에 게재한 대학이다. 나아가 분기별 보고나 등급 분류 등을 스테이크 홀더이해관계자에게 알려 「유니버시티 거버넌스」를 추진하고 있는 대학이기도 하다.

이것이야말로 교직원이 하나가 된 재무개혁 10년간의 커다란 성과인 것이다. 1994년에 오쿠시마 체제가 시작될 당시 와세다대학의 재정은 파탄 직전의 상태에 있었다. 그러던 것이 일본에서 제일 건전하게 21세기의 교육에 임할 수 있는 대학으로 체질을 개선한 것이다. 또한 완전한 「재정의 독립」까지는 아직 6~7년이 더 필요하지만, 위험한 수준에서 완전한 안전권으로 연착륙한 것은 틀림없다. 2010년도에는 와세다대학이 눈부신 그리고 뛰어난 대학의 모습을 갖출 것을 꿈꾸고 있다.

21세기의 그랜드디자인

와세다대학이 지향하는 「21세기 교육연구·경영의 그랜드디자인」을 소개한다([도표 16]을 함께 참조). 글로벌화가 요구되는 대학 간 경쟁에서 살아남기 위해서는 확고한 사업 계획이 필요하다. 와세다대학은 모든 미래 계획을 이 그랜드디자인에서부터 출발시키고 있다.

와세다대학「21세기 교육연구·경영 그랜드디자인」

- 개혁 중점 목표

(1)종합대학의 강점을 살린 교육 체제

학부과정에 있어서 교양교육 중시, 대학원에 있어서 고도 전문직업인의 양성 등

(2)평생학습 사회로의 대응 강화

지역사회로의 공헌, 사회인을 중심으로 전 세대를 향한 학습 프로그램의 발신 등

(3)사회와 연계한 연구 개발과 신산업 창출

산학연계 강화, 프로젝트 형 연구 전개, 대학 발 지적 재산의 발굴 등

(4)국제화와 정보와 기반 강화

원격 교육 시스템의 확립과 오픈 교육 실천, 국제 네트워크 구축 등

(5)개혁실현을 위한 구조개혁

경영·학술조직 재구축, 사무업무 효율화, 점검평가 시스템 도입 등

이 그랜드디자인의 저변에 흐르고 있는 것은 와세다대학의 설립 이념을 설파한「교육취지」이다. 대학 정문 옆에 있는 건학 이념을 적은 비석에는 교육취지의 서두 부분이 새겨져 있다.

와세다대학은 학문의 독립에 힘을 다하고

학문의 활용에 힘써

모범국민을 완성하는 것을 건학의 취지로 삼는다.

이로부터 세상에 알려진 「학문의 독립」(권력이나 세상의 대세에 휘둘림 없이 자주자립 정신을 관철하며 독창적인 교육 연구를 행하는 것), 「학문의 활용」(학문과 연구의 성과를 널리 사회에 응용·환원하여 시대의 견인차가 되는 것), 「모범국민의 완성」(인간다운 따뜻함으로 개인과 국가를 도우며, 널리 세계에서 활동하는 인격을 육성하는 것)이라는 3대 교육취지가, 오랫동안 와세다대학 건학 이념으로서 구전되어, 계승되어 온 것이다.

이러한 노선에는 조금의 흔들림도 망설임도 없으나, 건학으로부터 100년을 넘어서면서 대학을 둘러싼 경쟁 환경은 일변하였다. 2007년 창립 125주년을 바라보면서, 세계적인 동향·환경의 변화에 대응할 수 있는 교육체제의 구축이 구상되었다. 그 구상의 중점목표로서 2000년 9월에 책정된 것이 바로 그랜드디자인인 것이다.

【도표16】와세다대학의 21세기 구상

교육연구 그랜드디자인 (구체화하기 위한 여러 계획)	경영 그랜드디자인 (실현하기 위한 재무 정책)
①학부교육 개혁	①「재정」의 독립
②대학원교육의 충실	②경영체질 비용절감화
③오픈 교육 전개	③「Pay As You Go」 원리
④평생교육·원격교육 전개	④결과 책임 명시(결과 체크)
⑤연구체제 재편과 활성화	⑤유이자 부채의 압축
⑥예술학교 전개	⑥소비지출초과액 억제
⑦고등학원 개혁	⑦캐쉬 플로 확보
⑧연구·교육체제 개혁	⑧재무 비율 개선
⑨사무조직 개혁	⑨학생 획득 강화
⑩교지校地·교사校舍의 활용	⑩외부 자금의적극적 도입
⑪점검·평가제도 확충	⑪총 인건비 조정과 경비 삭감

↓

유니버시티 거버넌스 확립

그랜드디자인 속에 3대 교육취지는 「학문의 독립」이 「독창적인 첨단연구에의 도전」으로, 「학문의 활용」이 「전 대학의 평생학습기관화」로, 「모범국민의 완성」은 「지구시민 육성」으로 바뀌어서 자리하고 있다.

교양교육의 강화는 교육의 울타리를 제거하는 것을 기본 방침으로 삼아 진행되어 왔다. 어느 학부 학생도 배울 수 있는 오픈 교육과목의 창설이나 국제 유학·학점 교환 제도에 따라 타 대학에서도 배울 수 있는 구조, 혹은 학부 간 울타리를 넘은 학제적 학문을 소수 인원으로 배우는 테마 컬리지, 사회에 나가서 배우는 인턴쉽 등이 그것이다. 또한 고도의 전문교육은 전문직 대학원 등의 설립으로 대응하였다. 1998년도에 아시아 태평양 연구과를 시작으로, 국제정보통신연구과, 정보생산시스템연구과, 공공경영연구과, 일본어교육연구과, 파이낸스연구과, 법무연구과 등이 설립되었다. 이를 통해 학생 수는 3000명, 교원 수는 500명이 증가하였다.

연구 면에서도 획기적인 시스템을 도입하였다. 학내에는 학제적 어프로치에 의한 첨단연구의 육성을 지향하는 학부 횡단적 멤버들로 구성되어 현대적인 문제 해결을 도모하는 연구그룹이 150개 가까이나 있다. 2000년 4월부터 제도화한 프로젝트 연구소가 그것으로, 이 조직은 원칙적으로 5년간의 기한이 정해져 있으며, 운영은 외부자금으로 이루지고, 특정의 건물을 갖지 않는다고 하는 다른 대학에는 없는 연구제도인 것이다.

와세다대학에서 해외의 대학으로 파견하는 학생 수를 1000명으로 한다는 목표를 내걸고, 세계 73개국 400교 이상과 협정을 맺거나 장학금 제도를 충실하게 하는 등 노력하여 1995년에 200명 정도였던 파견학생이 현재 약 500명까지 늘었다.

학위수여와는 관계없이 널리 배우고 싶어하는 사람들이 와세다대학에 와서 배울 수 있는 장치들도 충실해지고 있다. 와세다대학 Extension Center가 주최하는 개방대학Open College은 와세다대학과 니혼바시日本橋를 거점으로 한 평생학습의 장인데, 연간 1,300강좌에 수강 등록한 회원 수는 3만 명을 넘었다. 이들 강좌는 통신위성에 의해 전국 30곳의 교실에 전송되어 원격 강좌로 활용되고 있다.

주된 것만으로도 개혁의 포인트는 수없이 많이 존재하지만, 이러한 교육개혁을 뒷받침하는 중요한 축은 앞서 소개한 개혁의 중점목표「(5)개혁실현을 위한 구조개혁」이다. 실로「재정의 독립」없이는「학문의 독립」은 실현할 수 없는 것이다.

와세다대학이 더욱 빛나기 위해서는 다음에 서술하는 3개의 장애물, 달리 말하자면 구조개혁의 테마가 있다고 생각하고 있다.

[구조개혁의 테마①]「재무」의 권한 강화와「교학」과의 관계 개선

대학의 교육과 운영에 있어「교학」과「재무」는 자동차의 양쪽 바퀴이다. 또는 자동차의 엔진에 비유하자면「재무」는 휘발유이자 오일이다. 아무리 좋은 엔진을 개발하더라도 휘발유 없이 자동차는 달릴 수 없다.

현재 일본의 많은 사립대학이 재정난에 직면해 있다. 그 원인은 대학 재무를 경시하고,「경영」이라는 두 글자를 잊었기 때문이다. 지금까지 일본의 대학에서는「재무」는 언제나「교학의 부속(종속)」이었다. 교학이 정한 바를 단지 따를 뿐으로, 교학의 뒤치다꺼리가 재무의 일이며 능동적인 일은 할 수 없었다. 그 결과 무계획적 차입이나 임시변통의 예산 외 지출이 거듭되었다. 하지만 그 누구도 주의를 환기하는 사람이 없었다.

재무가 교학의 신규 계획에 처음부터 참여하지 않으면 재무에 의해 뒷받침되는 계획은 입안할 수 없다. 와세다대학의 개혁은 내가 재무담당 상임이사로서 교학의 신규 계획에 참가하는 일부터 시작되었다. 재무의 지위를 높이지 않는 한 「학문의 독립」은 담보되지 않기 때문이다. 재무를 중시하는 대학이야말로 발전할 것이고, 재무를 경시하는 대학은 무너진다는 것이 나의 신념이다.

「재정의 독립」을 실현하기 위해서는 재무를 담당하는 직원의 규율도 중요하다. 재무에는 신과 같은 청결함과 귀신과 같은 결단력이 필요하다. 대학의 재무는 방대한 자금을 다룬다. 이러한 액수에 마비되어 자금을 적당히 처리하고 책임을 지지 않는 일로 일관하면 대학은 피폐하여 부패하고 몰락해 간다. 내가 자주 "대학 조직에는 결과를 검증하는 조직이 있는 것인가?"라고 묻는 것은 그 때문이다.

대학의 자금은 학생 본인과 부모님이 어려운 생활 속에서 짜낸 납부금에 의존하고 있다는 점을 잊어서는 안 된다. 또한 보조금이라는 혈세에 더하여 일반 독지가, 동문, 산업계로부터의 지원을 받고 있다. 재무부서의 직원은 그것을 효과적으로 운용할 책임과 의무를 지고 있다. 만약 재무에 오류가 있으면 그 회복은 수년이 걸리고 그 피해는 십수 년에 미친다. 이러한 의미에서 재무부서의 직원은 다른 직원에 비해 큰 책임을 짊어지고 있다.

실패와 서투름이 있으면 많은 책임을 추궁당하지만, 그러한 책임에 비해 결코 「좋은 부서」인 것은 아니다. 대학에의 강한 애교심과 대학의 장래를 위하는 사명감이 없이는 해 낼 수 없는 일이다.

[구조개혁의 테마②] 피해서 지날 수 없는 개혁과 공개성

사립대학의 경영은 이미 「혹한기」를 맞이하고 있다. 우수한 학생을 확보하기 위해서는 당연히 매력 있는 대학 만들기가 중요하다. 본 대학에서도 국제적 규모의 대학 간 경쟁에 대응하는 대처가 필요하게 되었다.

젊은 세대 가운데는 일본의 대학을 피해 구미의 대학으로 직접 유학을 가는 경향도 나타났다. 이미 일본의 기업 가운데는 미국의 대학에서 배운 일본인 학생을 채용하고 있다. 일본의 기업이 미국에서 유학한 일본인 학생을 다수 채용하게 되면 일본 대학의 매력은 큰 폭으로 감소해 가게 될 것이다.

이렇게 보면, 국가 재정의 악화, 출구가 보이지 않는 경제 불황, 최근의 유례없는 초저금리 수준 등, 사립대학의 경영에 있어 악재가 넘치고 있다. 일본의 대학에서는, 창설 이래 대학인이라고 불리는 많은 사람들 사이에 ***"대학은 망하지 않는다."***는 신화가 만연해 있었지만, 이제는 이미 대학이 도산하는 시대를 맞이하고 있다. 2003년에 접어들면서 히로시마에 도산 제1호가 등장하여, 사립대학의 통폐합은 시간의 문제가 되고 있다. 개혁은 기다려 주지 않았다.

본래 사립대학은 자기책임에 따른 경영, 즉 「유니버시티 거버넌스」가 기본이 되어야 하며, 「유니버시티 거버넌스」의 기본은 공개성과 투명성이다.

이는 당연한 것이다. 재차 말하지만, 대학의 수입은 학생납부금, 보조금(혈세), 기부금의 세 기둥으로 이루어져 있기 때문이다. 이러한 세 기둥은 기업에서 말하는 스테이크 홀더이며, 대학은 이들에게 중요한 설명의 책임을 진다. 이와 동시에 대학의 영속성을 실현하기 위해 미래의 경영진에 대한 책임도 있다. 하지만 일본의 대부분의 대학이 이를 실현하지 못하고 있다.

대학에 요청되고 있는 것은 「개혁에의 도전」과 공개성·투명성을 중시한 「경영 감각」이다. 요즈음 18세 인구의 감소가 문제되고 있는데, 이제야 대책에 고심하는 것은 선견성이 결여된 「개혁 부재」와 「경영 감각의 결여」를 의미한다. 그 대학 수뇌부가 이를 자신의 문제가 아닌 다음 이사회의 과제로 돌려, 착수를 뒤로 미루며 현실을 직시하지 않았다고 말할 수밖에 없다.

산업계에서는 버블 붕괴 이후의 10년간을 종종 「잃어버린 10년」이라고 말한다. 이는 대학 조직에 있어서도 마찬가지이다. 대학은 10년은커녕 전후 반세기 이상에 걸쳐 「상승 추세」의 상황에 안주해 온 것이다.

학생납부금과 보조금, 입학검정료 등의 귀속수입이 해마다 증가하는 상황이 앞으로도 영원히 계속 될 거라 생각한 까닭인지, 아니면 불안한 미래에 눈을 감았다고밖에 생각할 수가 없다. 그 결과 스스로의 기반 활성화는 꾀하지 않고 문제는 뒤로 미루어져 왔다.

[구조개혁의 테마 ③] 시장의 요구에 응답하다

경영은 시장과 일체인 것이다. 「학교 산업」이라는 마켓에서, 사립대학에는 뚜렷한 경쟁 원리가 존재한다. 결코 평등하지 않다.

고도성장 시대의 일본에서는, 기업이 와세다대학이나 케이오대학 졸업생이라면 누구라도 채용하는 시대도 있었다. 그러나 국제적 경쟁이 심해진 시대에는, 대졸자의 시장도 계속 변화해 가고 있다. 지금까지 대학의 이름만으로 채용하는 시대는 끝나고, 어떤 실력을 가졌는지를 엄격하게 묻게 되었다.

이러한 시대의 변화를 받아들여, 한때는 "와세다대학 학생은 채용하지 않는다."는 기업도 나타나게 되어 버렸다. 와세다대학의 교육수준에 의문을 품는 기업이 나온 것이다. 하지만 최근의 「와세다대학의 부활」이라는 보도의 영향도 있어서인지, 이런 기업은 다시 모습을 감추어 가고 있다. 시장의 반응이란 이처럼 매우 정확하고 정직하다.

물론 취업만이 대학 교육의 목적은 아니다. 그렇다고 해서 예전과 같이 휴강이 잦으면서 십수 년이나 같은 내용의 수업을 계속하는 등의 엉터리 교육을 허용해도 된다는 것은 아니다. 대학의 교육수준에 대한 시장의 평가를 피해갈 수는 없다. 대학 교육에 관하여 시장이 작동하고 있는 미국에서는, 학생이 "수업료에 걸맞은 수업을 받을 수 없었다."는 이유로, 대학이나 교수를 상대로 손해배상소송을 제기하는 경우도 생겨나고 있다. 실제로 일본인 여학생이 미국의 대학에서 학부를 상대로 소송을 제기한 케이스가 있다. 일본에서도 머지않아 같은 현상이 일어날 것이다.

시장의 움직임은 예측이 어렵다. 무엇이 어떻게 변화할지는 본래 마켓이 가진 자율적 메커니즘에 맡겨야 한다. 이처럼 원점으로 되돌아가, 마켓의 메커니즘에 따라 사회적인 평가가 내려진다면, 등급 평가가 높은 사립대학에는 학비가 고액이어도 보다 많은 우수한 학생이 모이게 된다. 이것이 시장원리이며, 새로운 시대에 요구되는 사립대학의 마땅한 모습이라고 여겨지고 있다.

하지만 실제로는 이러한 사회적 평가는 이루어지지 않고 있고, 본래라면 퇴출되어야 할 대학도 살아남아 있는 것이 현 상황이다. 그러나 이러한 현 상황에 안주하지 말고 「경영·재정구조개혁」을 더 한층 추진하여, 「학교 산업」이라는 시장의 장래 비전 실현을 향해 도전해야하는 것이다.

취임 당시부터 나는 학교법인도 시장에 의한 「등급평가」가 필요하다고 여기고 있었지만 당시에는 꽤 주저하고 있었다. 그것은 1996년 전후의 와세다대학 재정 상황이 도저히 「등급평가」를 취득할 수 있는 내용이 아니었기 때문이다.

그 이후 해마다 재무체질이 개선되어 간 덕분에 「등급평가」를 취득할 만큼 적정한 재무 내용이 갖추어졌다. 심사 결과, 주식회사 등급평가 투자정보 센터(R&I)의 등급평가 본부로부터 「AA+」라는 높은 등급평가를 받을 수 있었다. 그런데 이러한 높은 등급평가의 의의를 제대로 이해해 주는 교직원은 적었다.

이제부터는 대학이 서로 경영의 힘을 겨루어, 제3자로부터 평가받는 데 따라 학생이 수험대상 학교로 선택하게 될 것인지, 그 때 학교를 선택하는 척도로서 이러한 등급평가가 큰 지표로서 반드시 정착한다.

와세다대학이 「등급평가」를 취득한 이유에 대해, 대략 3개의 관점에서 설명하고자 한다.

(1)대학 경영은 ①학생·부모의 학비, ②국가·지방공동단체로부터의 보조금(혈세), ③일반 독지가로부터의 기부금[淨財]등이 삼위일체가 되어 수입의 기본 구조를 구성하고 있다는 점을 충분히 인식하는 것이 중요하다. 이들 스테이크 홀더에게 대학 재정이나 경영 상황의 정보를 순서에 따라 차례대로 공시하여, 사회적 수요에 대응해 가는 것이 시대성에 부합하는 것이다. 실제로 미국에서는 등급평가 취득이 당연한 것으로 되어 있다. 「아이비리그」의 우위성이 등급평가에 연동되어 있다는 사실은 잘 알고 있는 바와 같다. 우리나라의 대학 세계에서도 이제부터는 대학 선택의 하나의 자료로 여겨지게 될 것이라고 생각된다.

(2)와세다대학은 아시아태평양 지역을 거점으로 한 「월드 클래스·유니버시티」의 실현을 지향하고 있다. 글로벌화를 지향해 가는 과정에 있어 정보 공시는 당연한 프로세스이며, 외부기관에 의한 평가는 매우 중요하다. 등급평가를 취득한 것은, 제3자 평가를 통해 한층 더 경영의 투명성을 높여, 와세다대학의 참된 모습을 널리 알리기 위한 것이다. 이에 따라 와세다대학에 부여된 「AA^+」라는 등급평가는 눈에 보이지 않는 자산이 되었다.

(3)21세기를 살아가야 할 대학 경영에 있어, 취득한 등급평가는 중요한 좌표축이 되며, 한 치도 양보할 수 없는 사실이다. 등급

평가는 앞으로도 대학 개혁의 고삐가 느슨해지는 일이 없도록 정신을 바짝 차리고, 세계 톱 레벨의 대학에 들 수 있도록 경영 노력을 계속해 가기 위한 목표가 된다.

이 같은 구조 개혁의 테마들은 조직을 어떻게 효율화할 것인가라는 경영 과제를 해결하는 중요한 길이다. 달리 말하자면 학비, 기부금, 보조금 등으로 이루어지는 수입을 유효하게 사용하기 위한 체질개선이지만, 하나 더 잊어서는 안 되는 포인트가 있다. 그것은 수입 자체를 늘리는 방책이다. 여기서는 수입 확보에 다섯 가지의 포인트가 있다는 점을 소개하고자 한다.

[수입 확보의 테마 ①] 교학 측면에서의 접근

대학의 현장을 보고 있으면 아직도 많은 보물이 매몰되어 있다고 느끼게 된다. 도처에 새로운 수입을 낳을 「씨앗」이 많이 있음에도 불구하고 이상하게도 놓치고 있는 것이다. 지금까지 사회로부터의 자극과는 관계없이 기득 권익과 규제 속에서 일을 해 왔기 때문에 당연히 보여야 할 것도 보이지 않게 되어 버린 것이다.

이제부터 대학이 하지 않으면 안 되는 사회적 사명은, 지적전문가 집단으로서 사회에 봉사하고, 지적인 부를 창출하거나 창출하는 일을 돕는 것이다. 그러한 관점을 가지는 것만으로 여러 가지가 수입원으로 보이기 시작한다. 일부러 수수료와 학비를 올린다든지, 입학검정료를 많이 받는 것만이 수입원이 아니다.

이러한 때에 중요한 것이 제1장에서 언급한 ***“신심탈락***身心脫落***”***이라는 말, 즉 어떠한 것에도 얽매이지 않는 개방적인 사고방식, 고정화되지 않은 사고방식인 것이다. 긴 역사 속에서 만들어진 대학의 습관을 스스로 깨뜨려가는 것 말고 다른 방법은 없는 것이다.

그럼에도 불구하고 많은 대학인이 스스로 이를 깨뜨리는 것이 어렵다고 생각하는 것은 마음 어딘가에 "지금까지 쌓아올려 온 경험이 아직 통용된다."라는 안일함이 있기 때문이 아닐까? 세상을 보아야 한다. 1990년부터 시작된 버블 붕괴 과정에서, 국민은 과거의 경험이 통용되지 않는 것을 지겹도록 통감해 왔다. 망할 리 없는 금융기관이 파탄하고, 종신고용이나 연공서열도 눈 깜짝할 사이에 무너져 갔다. 앞으로는 연금을 만족스럽게 받을 수 있을지도 의문이다. 그러한 가운데, 대학 조직이나 대학과 사회 간의 법칙만이 변하지 않을 리가 없다. 이미 과거의 법칙이 통용되지 않는 시대가 되고 있다.

수입을 늘리는 것이 가능할지 어떨지, 그것은 대학인이 당연한 경영 감각을 지닐 수 있을지 어떨지에 달려 있다. 경영 감각을 지니기 위해서는 하나의 포인트가 있다. 그것은 계속해서 배우는 것, 배운 것을 바탕으로 경험을 쌓는 것, 그리고 이것을 계속하는 것이다. 경영자란 항상 배우고 계속해서 경험함으로써 비로소 경영자가 될 수 있는 것이다.

이러한 자각이 없는 채 교직원이 경영의 직책에 배치되어 있다면 이것이야말로 빠른 개혁의 대상인데, 안타깝게도 대부분의 대학이 이러한 후진성을 떠안고 있는 듯하다.

그렇다면 어떤 수입증가 방책이 있는 것일까? 먼저 교학의 측면에서 몇 가지 가능성에 대해 지적해 보고자 한다. 이는 어느 대학에도 그 「씨앗」이 뒹굴고 있는 테마이다.

(1)연구소의 대학원화

학부는 이제 더 이상 확대하기가 어렵다. 이제부터 교학은 미국화 스타일, 즉 대학원 교육의 충실을 도모하는 것에서 그 가능성을 찾을 수 있다. 이 때 새로운 대학원으로서의 기반이 될 수 있는 것이 연구소인 것이다.

(2)사회인 교육의 충실

18세 인구를 대상으로 삼는 것이 아니라, 폭넓게 일반 사회인에게 창구를 넓힘으로써 규모 확대를 도모할 수 있다. 학부, 대학원, 비즈니스 스쿨 등 창구는 몇 개의 레벨에서 생각할 수 있다.

(3)평생교육의 추진

18세 인구 이외의 대상을 찾는 데는 어쨌든 정성껏 교육하는 것만으로는 부족하다. 흥미가 있는 테마에 대해 조금 배우고 싶다는, 이런 수요에도 대응함으로써 시장은 넓어진다. 와세다대학에서는 Extension Center라는 조직이 「와세다대학 개방대학Open College」을 운영하여 평생학습의 수요에 대응하고 있는데, 여기에 등록한 회원은 2004년도 시점에서 연인원 3만 명을 넘고 있다, 이처럼 중간층을 대상으로 한, 기분 좋게 학습할 수 있는 교육 사업은 수익성도 높다.

(4)원격교육의 전개

IT기술을 활용하면 전 세계 사람들을 대상으로 교육 서비스를 제공할 수 있다. 미국의 대학은 무료로 공개하고 있는 곳도 있다. 이것까지 흉내 낼 수는 없겠지만, 교육환경 정비, 교육 기회의 확대를 위해서는 대단히 유효한 수단이라 여기고 있다.

(5)외부자금의 도입

아무래도 일본의 고등교육기관은 낯선 분야에서 경쟁을 하여 자금을 도입하려 하는 의식이 희박하다. 그러나 시대의 변화는 이러한 외부와의 접점에서 먼저 나타난다. 문부과학성이 추진하는 「21세기 우수센터(COE) 프로그램」 등이 상징적인데, 이는 대학이 경쟁을 이겨내지 않으면 자금을 획득할 수 없는 시스템으로, 자금을 제공하는 기업과 정부 측이 계속 변화하고 있다. 이제부터 대학은, 기업의 수입 증대로 이어질 수 있는 경영 정책까지도 과감히 받아들여 기업의 요구에 부응함으로써 외부자금을 획득할 수 있게 될 것이다.

(6)재능 기부강좌의 확대

"사회의 최전선을 접하는 기회가 된다."고 학생들로부터 환영을 받고, 대학은 수입이 늘며, 평소에 교단에 설 기회가 없는 강연자에게는 좋은 자극이 되고, 학생과 서로 알아가는 계기도 된다. 이처럼 누구든지 행복해질 가능성이 있는 것이 기부강좌이다. 이러한 활동은 크게 넓혀 나가야 할 것이다.

(7)교육연구의 소프트화와 TLO의 추진

교육이나 연구에는 전문가일지라도, 대학 바깥에서도 그대로 많은 사람들에게 교육연구 서비스를 제공할 수 있는 프로그램을 만드는 것에는 상당히 서툴다. 대학에 있는 지적자산을 여러 가지 형태로 팔 수 있게 되는, 넓은 의미에서의 소프트화를 생각하지 않으면 안 된다. 이와 동시에 연구개발한 기술을 민간 기업에 이전하는, 특허를 활용할 때에 창구가 되는 TLO(기술이전전담조직)도, 현재에는 액수가 적지만 장래의 수입원으로서는 대단히 유망한 존재인 것이다.

이들은 새로운 교학 분야의 씨앗이다. 경영진의 리더십 하에 교원이 일치단결하여 착수해야 할 과제인 것이다. 그렇다면, 내가 전문으로 삼고 있고 책임자이기도 한 재정 정책의 측면에서는 어떤 증가 대책이 가능할까? 이에 대해 구체적이며 상세하게 기술하고자 한다.

[수입 확보의 테마 ②] 기부금 획득

기부금은 사립대학의 경영에 있어 가장 중요한 수입의 기둥이다. 미국의 대학은 대부분을 기부에 의존하고 있지만, 일본의 대학에의 기부는 훨씬 낮은 수준에 머무르고 있다. 대학에의 기부를 유도하고, 중요한 사회공헌으로서의 인식을 확대시킬 필요가 있다.

기부금의 출처는 학생, 부모, 교우, 독지가, 민간 기업으로부터의 이른바 「고귀한 자금인 정재淨財」이다. 이 자금들은 진정으로 사립대학을 지지하는 선의의 네트워크를 상징하는 것이라고 나는 생각하고 있다. 사립대학이라고 할지라도, 사회에서 기부를 받아들이기 위해서는 그에 상응하는 「자격」이 필요하다. 와세다라는 이름만으로 기부는 간단히 모이는 것이 아니다.

나는 대학인이 기부의 무게를 이해하는 것이 정말로 중요하다고 여기고 있다.

예를 들어 100만 엔의 기부를 받았다고 하자. 법인이 100만 엔의 기부를 위해 얼마만큼의 이익이 필요한가를 계산해 본 적이 있는지 물어보고 싶다. 피가 배어나 올 듯한 경영 노력, 혹은 비지땀을 흘리며 고생을 거듭해 창출한 수익에서 세금을 내고 마지막에 남은 이익에서 기부를 하게 된다. 100만 엔의 무거움은 몇 배의 이익에 상응하는지를 계산할 수 있는 대학인을 만난 적이 없다.

100만 엔의 기부를 위해서는 대략 4~5배의 매출 총 이익이 없으면 안 된다. 1000만 엔의 기부라면, 4000만~4500만의 매출총이익이 필요하다는 것을 의미한다. 매출총이익에서 반을 세금으로 떼인다. 남은 2000만 엔 중에서 인건비 상당분, 환경 관계, 광열·수도비까지 더하면, 40%에서 50%는 빠진다. 남는 것은 1500만 엔 정도. 거기서 1000만 엔을 기부하면, 기업에 남은 이익은 300만 엔에서 500만 엔 정도. 본래라면 2000만 엔 남을 것이 기부에 의해 그만큼 감소한다. 자신의 살을 깎아 가면서까지 기부하는 일의 무게를 느낄 수 없다면 기부하는 마음을 이해할 수 있을 리가 없다.

고마움을 느낄 수 있기 위해서는 대학의 교직원에게 그러한 점까지 가르치지 않으면 안 된다는 것이다. 이를 알면 머리를 숙이는 방법이 바뀔 것이다.

기부에 대해 감사의 마음을 표한다는 의미에서도 경영 노력은 중요하다. 나는 '학생에게 보다 많은 교육적 부가가치를 안겨 주기 위한 자조 노력과 경영 노력을 게을리하는 대학은 기부를 받을 '자격'이 없다'고 생각한다. 「기부하고 싶은 대학」으로서의 매력을 갖추는 일이 중요하게 된다.

왜냐하면, 앞으로의 대학은 「경영 감각」이 없으면 「기부」는 커녕 사회로부터 버림받는 존재가 되어 버릴 것이기 때문이다. 무엇보다도 사립대학이 처한 현 상황을 재인식하고, 기부금을 정중하게 수령할 수 있는 「사립대학 경영」의 존재 방식을 재확인해 두지 않으면 안 된다.

그러한 교육 연구 활동이나 재정 상황 등을 상시적으로 정보 공개해 가지 않으면 안 된다. 이러한 이유로 와세다대학에서는 인터넷 홈페이지를 활용하여 정보 공개를 촉진하고 있는 것이다. 정보를 공개하는 자세가 기부를 해 주는 개인과 기업, 혹은 사회와의 친숙한 가교가 될 수 있도록 소중히 여겨 가고자 함을 의미한다. 대학인이라 칭할 수 있는 사람들은 ***"안테나는 높게 머리는 낮게"***라는 정신을 갖지 않으면 안 되는 것이다.

무엇보다도 일본에서는 개인과 기업에 의한 대학 등에의 「기부」 행위가 외국에 비해 상대적으로 활발하지 않은 것도 사실이다.

사회적 요인은 몇 가지를 들 수 있다.

먼저, 미국에서는 재산을 자식에게 남기지 않고 사회에 기부하는 행위가 사회적으로 평가 받는다. 「기부」에 대한 의식의 차이는 확실히 국가나 문화에 따라 다르다. 또한, 미국에서는 기부에 대한 세금 공제가 잘 제도화되어 있다. 이 배경에는 개인의 사회공헌을 평가하고 장려하는 사상이 내재되어 있다. 미국에서는 정부가 납세자의 의향에 좇아 효과적으로 세금을 사용할 리가 없다는 인식이 널리 퍼져 있다. 그렇기에 개인의 「기부공제」를 대폭 인정하여 개인에 의한 사회공헌을 추진하고자 하는 사상이 있는 것이다.

이에 비해, 일본에서는 개인은 사회공헌을 할 까닭이 없다는 정부 당국의 발상이 느껴진다. 기부공제는 세금 회피의 수단이 될 우려가 있다는 견해이다. 사회에의 공헌과 환원은 정부가 세금을 사용하여 실현한다는 사고방식인 것이다. 일본에서 「기부」가 적극적으로 행해지지 않는 이유 가운데 하나로서 이러한 현행 세금제도가 크게 영향을 미치고 있다.

일본과 외국의 기부금에 대한 대응에 대해 설명해 보고자 한다. 현재 일본의 세법에는, 법인으로부터의 기부금에 대한 손금산입의 한도는 특별한 세제 우대조치를 받고 있지만, 다른 외국과 비교한 우대의 정도는 아직도 낮은 수준에 있다.

기부금 손금산입 한도액의 국제 비교(2001년 11월 현재)

법인의 손금산입(경비 인정) 가능한 기부금 한도액

- 일본…소득금액×1.25%+(자본금+자본준비금)×0.125%
- 미국…소득금액×10%
- 영국…3년 넘는 계속 기부는 전액.1회 기부는 지불배당×0.2%
- 독일…(매상 총액+자금총액)×0.2%
- 프랑스…매상 총액×0.3%

제2의 요인은 「기부 마인드」의 차이이다. 일본에서는 기부가 기특한 사람의 「자선」으로 흔히 받아들여지고 있지만, 미국에서는 「고액 기부자」가 평가 받고 사회적 지위를 가지게 된다.

그 배경에 있는 것은 철저한 개인주의와 성공을 사회에 환원하는 사상이다. 미국에서는 아버지의 성공은 아버지 개인의 것이며, 아들은 그것을 물려받는 것이 아니라 스스로 자신의 성공을 실현해야 한다는 발상이 있다. 최초에 상속세(유산세)를 고안한 것은 미국이지만, 그 배경에 있었던 것은 많은 재산을 가족에게 남기지 않는 것이 유럽과 같은 계급사회를 만들지 않는 하나의 요인이 될 것이라는 발상이었던 것이다.

제3의 요인은 모금 활동에 임하는 방법의 차이이다. 예를 들면, 미국의 대학에서는 기부대상자의 상세한 데이터베이스를 작성하고, 기부해 준 개인의 데이터를 시스템에서 관리하여, 조직적·전략적인 모금활동을 전개하고 있는 예가 적지 않다.

이처럼 외국대학에서는, 마켓·리서치를 실시한 다음 일본과는 비교가 안 될 정도의 자금과 자원봉사 조직까지를 포함한 인재를 투입한다. 프린스턴대학은 그 좋은 예이다. 일본의 사립대학에서 행해지는 「기념사업모금」과는 비교가 안 될 정도로 규모가 크고 꼼꼼한 모금활동이 이루어지고 있다.

기부를 촉진하기 위해 먼저 생각하지 않으면 안 되는 것이 세금제도의 개혁이다. 기부금에 대한 간결한 세제우대 조치가 요구된다. 특히 사립대학에 대한 세제상의 우대조치가 불가결하다. 왜냐하면, 사립대학은 국립대학과는 달리 자기 책임과 자조 노력에 의해 재정 기반의 강화를 꾀하지 않으면 안 되기 때문이다.

그러나 현실은 반대이다. 국공립대학에 대한 기부는 거의 무조건으로 세금의 우대조치를 받을 수 있으나 사립대학에의 기부에 대해서는 번잡하고 엄격한 조건이 달려 있어 절차가 번거롭다.

이러한 공적 규제에 대한 구체적인 개혁 방안으로서 이하의 6개 항목을 지적해 두고자 한다.

(1)「특정 공익 증진 법인」에 대한 「법인의 손금도입 한도액」과 「개인소득공제 한도액」을 철폐하든지, 우대조치를 대폭 확대한다. 또한 「학교입학에 관련된 기부금」의 제한을 철폐한다.

(2)일본사립학교 진흥·공제사업단이 행하는 「수탁자 지정기부」에는, 2004년부터 약간 완화되기는 하였으나, 아직 많은 제한 사항이 달려 있다. 이러한 제한을 해제하고 기부금 대상사업을 더욱 완화하여 장기에 걸친 모금이 가능하도록 해야 한다. 규제를 위한 조건의 철폐 혹은 대폭적 완화를 단행해야 한다.

(3)증여·유증, 상속재산을 대학에 기부할 경우의 신고 기한을 더 장기간으로 해야 한다. 또한 사업 실시 유예기간도 연장하고, 사업 목적의 제한을 철폐하는 것이 필요하다.

(4)앞서 서술한 (2)나 (3)의 개선책보다는, (1)의 「특정 공익증진 법인」 제도를 개선하여 기부금 공제를 일원화하는 것이 바람직하다.

(5)신청 시의 절차를 간소화하고 승인을 신속하게 할 것이 요망된다.

(6)사립대학 출신의 국회의원은, 당파를 넘어 이러한 개선을 의원입법으로 행해 주기를 바란다.

[수입 확보의 테마 ③] 현물기부의 획득

기부는 현금만이 아니다. 현물기부라 불리는 토지나 건물 등의 부동산도 있다. 와세다대학에는 매년 수억 엔 단위로 현물 기부가 행해지며, 이는 귀속수입에 「현물기부금」으로 계상되어 있다.

그 가운데 1994년도와 1997년도의 고마자와駒沢에 있는 맨션 인수는 대학의 수익사업에 큰 공헌을 하였다. 와세다대학의 결산서를 보면 수익사업이라는 항목이 있는데, 이는 코마자와 맨션과 니시와세다 빌딩의 임대수입에 의한 것으로, 2003년도의 영업수익은 2억 8000만 엔으로 수익의 중요한 기둥이 되어 있다(특히 니시와세다빌딩은 교육연구시설로 사용하기 위해 학교 회계에 다시 편입했다. 그 때문에 2003년도부터는 수익사업을 종료하였다).

코마자와의 맨션은 1989년에 건설된 철골철근 콘크리트 건물로 지상 7층, 지하 1층, 총세대수 58세대의 임대 맨션이다. 이 중 1994년도에 26세대를 현물기부로서 인수하여, 수익사업으로 부동산 임대업을 행하고 있다. 나아가 1997년도에는 동일 맨션의 27세대에 대해서도 재차 기증을 받았다.

다만, 이 제2차 인수분에 대해서는 기부자가 ***"직접 교육 연구용으로 제공하고 싶다."***는 의향을 표하였다. 기부에 있어서 기부자의 의지는 절대적이다. 이를 소홀히 해서는 다음 기부로 이어지지 않는다. 교육 연구용으로 활용할 수 있는지 없는지에 대하여 모든 각도에서 검토하였지만, 직접 교육 연구용으로는 사용할 수 없다는 결론에 이르렀다. 그 결과 일괄적으로 27세대를 매각하여, 그 대금 약 30억 엔을 그 해에 준공한 14호관 건설비의 일부로 충당하기로 하였다.

이 매각대금 덕분에 당초에는 8년간 이연지불 예정이었던 건설비를 1997년도에 일괄 완제할 수 있었다. 이는 형태를 바꾼 현물기부라고 할 수 있다. 14호관은 현재 교육학부, 사회과학부, 대학원교육학연구과, 대학원사회과학연구과 등이 주로 사용하며, 각종의 공통강의실과 AV강의실을 구비하여 새로운 시대의 교육거점으로서 널리 활용되고 있다. 기부자의 '***직접 교육 연구용으로 제공하고 싶다.***'는 마음에 충분히 응하였다고 확신하고 있다.

이처럼 지혜를 짜냄으로써 기부를 해 주시는 분의 마음이 실현되는 것이다. 14호관에는 기부자를 기리기 위해 이름을 새겨 넣었고, 기부자에게는 교빈教賓이라는 명칭이 증정되었다.

[수입 확보의 테마 ④] 토지의 고도 이용

1993년에 구 문부성으로부터 토지신탁사업의 인가를 받아, 이를 바탕으로 오오쿠마 정원에 접한 부지(약 7,300평방미터)를 은행에 신탁하는 토지신탁사업을 행하고 있다. 이는 창립 100주년 기념사업에서 계획되었던 「와세다 회관」 건설이 이루어지지 못했던 것에 기인하고 있다.

대학재정에 큰 부담을 주지 않고, 오오쿠마 회관(대학본부동)이나 컨벤션 시설을 건설하기 위한 방안으로 토지신탁사업이 채용되었다. 토지신탁으로 제공한 토지는 원래는 테니스 코트와 간이 숙사가 있었던 곳이다. 그러나 신메지로도오리新目白通り에 접해 있어 교통

량이 아주 많다는 이유로 체육 수업 등으로 사용하는 것보다는 대형 사업을 전개하는 쪽이 이점이 많다고 여겨졌다. 테니스부는 히가시후시미 캠퍼스로 이동하게 하고, 토지신탁방식이라는 방법을 통해 100주년 사업에서 실현 못했던 오쿠마 회관 건설을 실시하였다. 이에 더해 대학 재정에 공헌할 수 있도록, 호텔 임대사업을 개시하였다. 니시하라 하루오西原春夫 전 총장 시대였던 1982년~1990년에 기획된 것이다. 아마 와세다대학 이외에는 토지신탁사업을 하지 않고 있을 것이다.

그 결과, 대학 소유의 토지를 신탁은행에 신탁하여 「리가로열호텔 와세다」(총사업비 125억 엔, 2002년부터 「리가로열호텔 도쿄」로 개칭)와 오오쿠마 회관(총사업비 54억 엔)을 건설하였다.

토지신탁사업의 시스템을 보면, 호텔의 임대료 수입에서 호텔 건설 차입금의 원금과 이자 변제금과 제 경비를 뺀 잔액을 신탁배당으로서 신탁은행으로부터 교부 받고 있다.

구체적으로는, 신탁은행이 관리하고 있는 임대료 수입에서 원금과 이자 변제, 건물의 유지관리비·손해보험료, 고정자산세·도시계획세 그리고 신탁보수의 네 가지를 공제한 잔액이 대학의 몫이 된다. 그 액수는 수억 엔에 이른다.

이러한 신탁배당금은 오쿠마 회관 건설을 위한 차입금의 변제에 충당되어, 당초 49억 엔 있었던 차입금은 2002년도 말에 28억 엔으로 감소했다. 즉, 토지를 신탁재산으로 운용하여 그 수익으로 오쿠마 회관 건설자금을 조달하고 있는 것이다. 100주년 기념사업에서는 돈을 모으는 것밖에 생각하지 않았기 때문에 기부금이 제대로 모이지 않아 건설하지 못하였다. 하지만 토지신탁사업 방법이라면, 극단적으로 말해 자기자금이 제로라도 새로운 시설을 건설하는 것이 가능하다. 게다가 토지는 팔아버리는 것이 아니라 그대로 수중에 가진 채이다.

[수입 확보의 테마 ⑤] 건설비의 이연移延 지불

재정 건전성 확보와 경비 삭감만으로 대학은 시대의 요청과 역사적 사명을 다할 수 없다. 사회의 시대적 배경을 반영한 새로운 교육투자가 따라야 한다. 그러한 의미에서, 재정적 개혁을 하는 것만으로는 와세다대학의 재생이라는 목적을 달성할 수가 없다. 기업에도 사회적인 존재 의의가 있어야 하겠지만, 대학의 경우 이와 비교되지 않을 정도로 존재 의의를 요구받고 있다. 재정담당자로서는 간과할 수 없는 부분이다. 와세다대학은 재정 사정이 좋지 않았던 1995년도부터 14호관 건설을 시작했다. 새로운 시대의 교육연구동으로서, 멀티미디어 기기를 갖춘 강의실, 컴퓨터실 등을 갖춘 지능화된 교육연구동이 꼭 필요하다고 판단했기 때문이었다. 당시의 와세다대학은 게이오대학의 쇼난 후지사와 캠퍼스 등과 비교하면 컴퓨터 설비와 보유 대수에서 훨씬 뒤쳐져 있었다. 14호관은 단순히 14번째의 학교 건물이 아니다. 와세다대학 재생의 상징이자 낙후성을 회복하는 최전선으로서, 니시와세다 캠퍼스 재정비의 핵심 정책으로 계획되었다.

새로운 건물의 필요성은 잘 알고 있었지만, 14호관의 건설에는 자금이 부족했다. 하지만 자금부족을 이유로 건설을 포기해 버리면 와세다대학은 그 존재 의의가 상실된다. 대학의 미래가 없는 것이다.

건설회사에의 지불은 그때까지는 준공 시에 완납하는 것으로 되어 있었다. 이 때문에 과거에는 은행이 말하는 대로 차입금을 빌려 건설비를 충당하고 있었다. 그러나 나는 이미 신규 차입을 하지 않는 방침을 세웠다. 아무리 대학의 역사적 사명일지라도 방침을 굽힐 수는 없었다.

곤경에 처하면 지혜가 나온다. 여기에 재원이 잠자고 있었다. 자금에 여유가 있다면 모르지만, 적자인 회사가 그렇게 서둘러 돈을 지불하는 일은 피해야 한다. 건설회사와 계약을 할 때 일시 지불을 하지 않고 이연移延으로 지불할 것을 요청한 것이다. 교섭 결과, 8년간 이연으로 지불하기로 건설회사와 합의에 이르렀다.

차입을 행하지 않고 자금을 융통할 수 있게 된 것은, 넓은 의미에서의 재정 염출로 이어지며, 건설에 참가한 종합건설회사 각 회사에게는 상당한 협력을 받은 셈이 된다. 보통은 새로운 건물의 건설비를 지불할 때에는, 반에서 1/3을 차입금으로 조달하여 왔다. 14호관 건설 때에도 은행으로부터 돈을 빌렸으면 한다는 제의가 있었다. 내가 "왜 돈을 빌리지 않으면 안 되는가?"라고 물으니, 그 담당자는 이렇게 대답했다.

"와세다대학이 새로운 건물을 지을 때는 언제나 돈을 차입하였습니다. 반이라든가, 3분의 1이라든가. 그래서 이번에도 그렇게 하셨으면 하는 것입니다."

"왜 전례를 답습하지 않으면 안 되는가? 나에게는 나만의 방법이 있으니까, 이제부터는 금리가 붙는 돈은 쓰지 않을 것입니다."

그러면서 "은행에는 내일부터 차입금을 갚겠습니다."라고 말했기 때문에, 담당자를 매우 난처하게 하는 결과가 되었다.

이연지불에 따른 지불이자 경감액을 보면, 14호관의 취득가액이 약 125억 엔이니까 이를 차입금으로 조달하였다고 가정할 경우, 이자가 연 3%로 대충 계산하면 연간 3억 7,500만 엔이나 된다. 이를 20년간 변제한다고 하면, 약 60억 엔의 금리 부담이 없어진 것이다. 이는 대단한 금액이다.

종합건설회사의 입장에서는 이득이 되는 것은 아니지만, 당시는 건설 수요가 상당히 적었고, 학교와의 장기적 관계를 소중히 여기고자 하는 종합건설회사 측의 계산도 있었을 것이다. 코스트와 관계된 교섭과 병행하여 이연지불 방식을 도입하는 교섭은 상당히 원만하였다.

건설비에 관해서는, 추후에도 더욱 엄격한 방법을 채용할 예정이었다. 「코스트온·분리 발주」라는 방식이다. 이 방법은 건물 전체를 하나의 종합건설회사에 발주하지 않는다. 건물 자체는 전체 코스트의 2분의 1 이하로 하고, 전기, 급배수 관계, 공기조절·위생 관계는 별도로 발주하며, 또한 철골 관계에 관해서는 철골업자, 새시 업자와 직접 교섭한다.

이런 식으로 분리 발주 방식을 택한다. 건설회사에 이 이야기를 하니까 "꽤 어렵습니다. 저희는 건물만이라도 상관없습니다만, 전기와 공기조절 업자에게 직접 맡겼다가 기일이 어긋나거나 하면 누가 책임을 지나요?"라고 말한다.

종합건설회사의 상투적인 말이지만, 이에 속아서는 안 된다. 이 때문에 비싼 설계비를 지불하고 설계·관리·감독을 부탁하는 설계회사가 있는 것이다.

이에 더해 한 발 더 나아가 실시하고자 하는 것은, 종합건설회사가 몇 %의 이익을 원하는지를 미리 제시하게끔 하는 방식으로, 가장 근대화된 발주 방법인 것이다. 그렇게 하지 않으면, 종래의 방법으로는 청구서의 내역을 알 수 없다. 직접적으로 원래의 원가를 제시받아, 그 코스트에 온(on)하는 형태로 10% 혹은 5%의 이익을 지불한다. 이러한 발주 방식을 채용하겠다고 각 회사에 선언하였다.

학교의 지금까지의 발주 방식에는 군더더기가 많았다. 좋은 건물을 짓는 것은 원칙이지만, 통상적인 것을 넘는 쓸데없는 코스트를 들일 필요는 없다. 대학이라고 해서 특별한 건물을 지을 필요는 없는 것이다.

보조금 활용에 의한 교학시설의 정비

와세다대학은 1995년도 이후 주로 국가로부터의 「시설정비비 보조금」 등을 최대한 활용하여, 하이테크·리서치·센터 등의 대규모 연구시설의 확충·정비를 추진하여 왔다.

1995년도에는 시설정비비 보조금 대상사업으로서, 컴퓨터 단말기 실 신설·개조 등을 수행하였고, 1996년도에는 오오쿠보 캠퍼스에 하이테크·리서치·센터 건설을 시작하여 다음 해에 준공하였다.

또한 기쿠이쵸喜久井町 캠퍼스와 혼조本庄 캠퍼스에서도 보조금 대상사업으로 신연구동 건설공사를 개시하였다. 이들 연구동이 준공된 1998년도에는 오쿠보 캠퍼스에 보조금을 활용한 제2기 하이테크·리서치·센터가 완성되었고, 이어서 기쿠이쵸 캠퍼스의 제2기 연구동도 2000년에 준공되었다.

1995년도부터 2000년도 사이에 154억 엔의 보조금 대상사업을 실시하여, 총액 74억 엔의 보조금을 획득하였다.

차기의 대학 개혁을 지탱하는 재무 전략

그렇다면, 와세다대학은 현실적으로 어떠한 재무 전략을 채택해야 할 것인가?

21세기의 대학 재정의 전망은 결코 밝지 않다. 건전한 재정의 실현에는 재정 개혁과 함께 대학 개혁이 필요하다. 급여체계의 전망이나 임기제의 도입 등, 대학 개혁에 적극적으로 착수하여, 재정 부담을 경감시키는 것이 살아남는 길이다.

대학 재정의 수입 측면에서 보면, 2000년대는 귀속수입이 평균 약 820억 엔대로 감소할 것이 예상된다.

먼저, 수입의 주축인 학생 납입금이 학비 인상률 저하나 임시臨時 정원의 해소 등에 의해 종래와 같은 대폭적 증가를 기대할 수 없게 된다. 입학자 수의 증가나 학과 등의 신·증설을 고려하지 않으면, 2007년도 이후에는 학비수입이 감소할 경향으로 바뀐다. 입학검정료 수입도 18세 인구의 감소에 따라 앞으로 더욱 감소할 것이다. 2000년도 입학검정료는 41억 엔이지만, 2006년도에는 38억 엔으로 감소할 것으로 예상하고 있다.

더욱이 저금리의 지속으로 자산운용수입의 증가 부진은 계속된다. 정점이던 1990년도에는 37억 엔의 자산운용수입이 있었지만, 현재는 그 30%정도인 12억 엔밖에 예상할 수 없다.

그 외에 정부와 지방자치체의 재정 악화로 보조금 수입은 앞으로 상당한 감액을 각오하지 않으면 안 된다.

한편, 지출측면에서는 증가가 예상되는 요소가 적지 않다.

정기승급으로 인한 인건비 상승으로 2006년도에는 인건비가 400억 엔을 넘어섰다. 사무 위탁비를 포함한 총 인건비는 2000년도의 421억 엔에서 2006년도에는 443억 엔으로 증가할 것으로 예상된다.

교육연구 경비에서는, B동을 비롯하여 새로운 설비·시설의 유지비용 등을 감안하면, 2006년도까지 평균 300억 엔의 지출이 예상된다. 여기에 갖가지 신규 사업을 전개해 나가면 지출은 더욱 팽창된다.

다만, 유이자 부채의 축소로 차입금 잔고를 줄여 나간 결과, 차입금 등의 이자는 2000년도의 13억 엔에서 2006년도에는 3억 엔대로 감소할 예정이다.

시설·설비 관계의 지출에서는, 창립 125주년 기념사업 자금에서의 충당을 감안하더라도, 2006년도까지 평균으로 연간 120억 엔이 된다.

이상의 「수입」과 「지출」의 전망을 종합하면, 2006년도에는 누적 소비지출 초과액이 약 800억 엔에 달하게 된다.

21세기 대학 재정의 기본방침은, 「군더더기 없는 경영」을 더욱 철저히 하는 것이다. 산업계의 활성화·합리화 노력에 뒤처진 10년, 대학은 본격적으로 경영의 활성화에 도전하지 않으면 안 된다. 이것 없이 대학은 21세기에 살아남을 수 없다. 따라서 경영체질의 저비용화를 실현하지 않으면 안 된다. 앞으로 매년 신규 투자를 위해 약 100억 엔 이상의 자금이 필요하게 된다. 이러한 개혁의 추진을 위해서는, 한정된 자원의 적정한 재배분을 도모하여, 교육연구 조건의 향상으로 이어지는 사업계획의 재원을 염출해 가지 않으면 안 된다. 빌드 앤 빌드(Build & Build)로는 대학 경영이 난관에 부딪히게 된다. 버릴 것(Scrap)을 잊어서는 안 된다. 스크랩 앤 빌드(Scrap & Build)를 실행함으로써 비로소 살아있는 매니지먼트가 가능하게 되는 것이다.

새로운 시대의 재정 이념과 수치 목표

새로운 시대의 역사를 짊어질 수 있는 대학이 되기 위해서는 재정상의 이념을 명확히 하지 않으면 안 된다. 재정 목표를 설정하고, 재정 실현을 향한 「경영·재정구조 개혁」을 추진하기 위해서는 다음과 같은 기본 이념과 목표가 중요하게 된다.

(1)기본 이념

경영체질의 저비용화를 도모하고 한정된 자원을 재배분한다.
그런 한편으로 사업 계획과 재무 계획을 일원화한 「유니버시티 거버넌스」를 확립한다. 교학과 재무의 이해관계를 조정하여 협조관계로 바꾸어 가지 않으면 안 된다. 새로운 시대의 대학 재정을 건전화하고, 학생에게 무엇을 제공해 갈 것인가를 명확히 해야 한다.

(2)재정상의 수치 목표

【매년 소비지출 초과액을 귀속수입의 5% 이내로 억제한다】

학교회계는 귀속수입에서 기본금 편입액을 공제한 후의 소비수입에 따라 인건비나 교육연구경비 등의 소비지출을 꾸려나가는 회계 시스템이 되어 있다.

이 때문에 학교법인이 영속하는 기본적인 조건으로서, 소비수지의 지속적인 균형이 요구되고 있지만, 시설설비에 큰 금액의 자금을 투자한 연도나 노후 건물 재건설 등의 캠퍼스 정비 계획을 추진하고 있는 기간에는 기본금 편입액이 큰 금액이 된다. 그 결과 소비수지에서는 소비지출을 다 조달하지 못하게 되어 수지차액이 소비지출 초과가 되는 경우가 많다.

와세다대학은 현재 창립 125주년 기념사업을 비롯하여 정문 앞 정비사업 등 캠퍼스 정비 계획을 적극적으로 추진하고 있어 매년 기본금 편입액이 100억 엔을 넘는 상황에 있다. 그 때문에 소비수지가 균형을 이루지 않고 매년 소비지출 초과액이 크다. 앞으로는 소비지출의 균형을 지향해 가는 것은 당연하지만, 기념사업 등 캠퍼스 정비를 추진해 가는 기간에는 효율적인 재정 운영에 힘써서 매년 수지가 균형에 가까워지도록 경영 노력을 계속 해야 할 것이다.

단위 연도의 소비지출 초과액이 귀속수입에서 차지하는 비율은 전국 사립대학의 평균이 4%대이지만, 와세다대학의 2003년도 결산에서는 5.3%였다. 또한 2004년도 예산에서는 6.7%로 늘고 있기 때문에, 단계적으로 귀속수입이 5% 이하가 되도록 노력을 계속해야 한다.

【차입금 잔고를 학생납부금의 3분의 1 이하 수준까지 축소한다.】

*"차입금은 무섭다."*라고 많은 경영자가 말하고 있듯이 유이자 부채의 축소는 재정구조를 건전화시키기 위한 가장 효과적인 방책이다. 귀속수입의 60% 가량을 차지하며, 대학 수입의 주축이 되는 학생납부금의 최소 3분의 1 이하 수준까지 차입금 잔고를 축소한다면, 지불이자가 대폭 경감되어 그 자원을 교육 연구를 위한 재원으로 옮길 수가 있다. 와세다대학의 입장에서 생각하면, 유이자 부채의 잔고를 약 150억 엔 이하로 축소하는 것이 지상 과제이며, 경영 노력을 계속하게 되면 2005년도 말에는 달성이 가능할 전망이다.

【총인건비 의존율(총인건비/학생납부금)을 80% 이내로 억제한다.】

대부분의 사립대학에서는 교직원 인건비가 고정비로서 매년 대학 재정을 크게 압박해 오고 있다. 이 때문에 와세다대학에서는 과거에 직원이 종사해 왔던 정형적인 업무를 단계적으로 아웃소싱(외부위탁)하고 있으며, 이는 종합적인 인건비 조정이나 비용 삭감에 크게 공헌해 왔다.

그러나 외부에 업무를 위탁할 경우, 그 위탁비용은 넓은 의미에서 말하면 대학이 부담하는 총인건비의 일부로 여겨지며, 따라서 이를 포함하여 학비수입과의 관련이나 비율 등을 검토해 가지 않으면 안 된다. 현 단계에서 교직원의 인건비만으로는 학비수입의 80% 이내로 해결되고 있는 상황이지만, 위탁비 등을 포함한 「총인건비」를 학생납부금의 80% 이내로 억제하는 것은 경영상의 목표가 되고 있다.

【매년 귀속수입의 30% 이상을 교육연구경비에 충당한다.】

교육연구 조건의 충실·향상을 위하여 교육연구경비가 대학의 자기 자금이 되는 매년 귀속수입의 30% 이상이 되게 매년도 예산에 조치하도록 하는 경영 노력을 계속해 간다.

덧붙이자면, 와세다대학의 교육연구경비 비율은 2003년도에 33.3%로, 전국 사립대학 평균(전국 469개 대학법인) 수치인 32.2%에 비해 현재로서는 약간 웃돌고 있다.

【자기자금 비율을 현재의 75%에서 80%까지 개선시킨다.】

유이자 부채를 해마다 축소함에 따라 자기자금 비율은 매년 개선되어 가고 있으나, 일본 사립대학 진흥·공제 사업단의 2002년도 조사결과에 따르면, 사립대학의 자기 자금 비율의 전국 평균(전국 469개 대학법인)은 83.4%로 나타나고 있다. 80% 이상으로 올리는 목표를 설정하여 이를 달성해 감으로써 현재의 재무체질을 보다 더욱 건전한 재정 상태로 개선해 가지 않으면 안 된다.

【재정파괴지수를 개선하여 100% 이내를 지향한다.】

「재무파괴지수」라는 것은 내가 만든 지수이다. 일상적인 학교운영 경비가, 자산매각 등의 일과성 수입을 뺀 일반적 수입으로 조달될 수 없다면 재정이 파탄에 이르게 될 것이라는 사고방식이다. <총인건비+교육연구·관리경비(토지신탁 관계를 제한다)>÷<학생납부금(시설설비 자금을 제한다)+수수료+보조금+자산운용수입+사업수입(토지신탁 관계를 제한다)+잡수입>에 의해 산출된다.

프라이머리 밸런스의 균형

지금까지 서술한 재정 기반을 확립하는 데는 학교 경영에 있어 프라이머리 밸런스의 균형을 맞추는 것이 불가결하다. 프라이머리 밸런스란, '차입금 등의 변제나 이자를 뺀 지출과, 차입금 등의 수입을 뺀 수입과의 차이'이다. 요컨대 외부 자본에 의존하지 않고 「교육·연구」 사업을 수행하는 것을 의미한다. 이를 위해서는 철저한 코스트 삭감이 요구된다. 이제까지의 대학은 프라이머리 밸런스가 적자가 되는 사업 구조였기 때문에 이는 다른 대학들에 앞장선 도전인 것이다.

실현 방법을 간단히 말하자면, 수입을 늘리면서 지출은 줄이는 것이다. 그 방침은 다음과 같다.

수입을 늘리기 위해서는, 앞서 서술했듯이, 대학원 교육의 충실과 평생학습의 추진 등 4년제 대학의 틀을 깬 새로운 시장에 뛰어드는 것, 모금획득의 강화, 외부자금의 도입, 사업수입 확대에 따른 새로운 수입원 확보 등이 필요하다.

한편으로, 지출 삭감의 핵심은 인건비에 있다. 국립대학까지도 능률급 도입에 관한 검토가 시작되고 있는 시대이다. 이미 많은 기업이 도입하였듯이, 생활급에 해당하는 고정 부분을 필요 최소한으로 보증하고, 플러스 알파 부분에 대해서는 실적에 따라 지급해야 한다. 또한 복리후생제도도 개혁의 대상이 될 것이다.

일반경비의 삭감에 있어서는 단번에 경비 삭감을 실시하는 것이 중요하다. 「교육·연구」에 관한 것일지라도 성역을 두지 않고 예산 삭감을 계속하여, 낭비 없는 경영과 저비용화를 실현한다. 이를 위해 먼저 사무조직을 통합·재편성하고, 아웃소싱의 추진, 학교 전체 공통사무의 집중처리화, 시간외 근무의 삭감, 캠퍼스 관리 사업의 총합관리화 등을 추진한다.

교육연구에서도 개혁해야 할 부분이 있다. 개인연구비 등의 연구비, 담당 수업시간, 장학금 제도 등이 그것이다. 연구비는 대학의 기초가 되는 것으로서 성역이 되어 있지만, 사용 방식에 낭비가 없다고 말할 수는 없다. 체크하는 쪽도 연구 내용에 관하여 지켜보지 않으면 낭비를 찾아낼 수 없다. 내용 보고와 명세서를 뒷받침하는 자료를 요구하지 않으면 안 된다. 이렇게 되면 연구자나 조직의 점검·평가 레벨에 발을 들이는 것이 된다. 점검·평가하는 측에 상당한 노력이 요구되지만, 이를 끊임없이 행하지 않으면 효율적인 연구비 이용은 불가능할 것이다.

학교 내에 성역은 없다. 소중히 육성해야 할 곳은 육성하면서도, 개선해야 할 곳은 개선해 가지 않으면 안 된다.

경비 삭감의 총 마무리 - 제2차 재정 개혁

「재정 개혁 추진본부」를 설치하여 활동을 전개한 1996~1998년 사이에 개혁을 필요로 하는 안건이 멤버들로부터 다수 올라왔다. 이는 회의 때마다 늘어나, 최종적으로는 60개 항목 정도나 되었다. 그 가운데는 조합과의 관계 때문에 손을 댈 수 없었던 인건비 문제도 포함되어 있다. 어느 교직원으로부터 스스로의 문제로서 "이러한 때에는 상여금을 깎거나 잔업을 더 줄여야 한다."는 의견이 올라

온 것이다. 이외에도, 저 교실은 문제가 있으니 폐지해야 한다든지, 쓰레기를 수집하는 새로운 분별기를 만들자든지, 다양한 문제와 제안이 나왔다. 그것을 일람표로 정리하여 현재까지도 하나씩 하나씩 해결하고 있다. 재정 개혁의 측면에서는 경비의 5% 삭감이 목표이지만, 교실이나 연수원의 사용 방식에 대한 제안 등 돈으로는 환산할 수 없으나 활성화와 효율화로 이어지는 아이디어도 수많이 존재한다.

해결하고 또 해결해 왔지만 아직 3분의 1 가량 손대지 않은 것이 남아 있다. 그것을 「제2차 재정 개혁」으로서 2005년도부터 실시할 예정이다.

최대의 테마는 인건비이다. 그 방법은 임금 삭감만이 아니다. 예를 들면 잔업의 삭감도 있다. 민간 기업에서는 잔업이 많은 직원은 능력이 없다고 간주된다. 시간 내에 업무를 처리할 수 없기 때문이다. 그런데 대학에서는 시간외근무와 직무평가를 관련시키려는 생각이 없다. 이는 커다란 과제인 것이다. 작업 순서를 바꾸어 ***"빠르게·고우·홈"***, 즉 빠른 귀가가 정착하면 잔업을 줄일 수 있다. 돈 문제만이 아니라, 환경위생이나 건강관리의 측면에서도 장점이 있다. 환경문제가 중요시되는 시대이다. 전기를 환하게 켜 놓고 잔업을 할 것이 아니라 다음 날 할 수 있는 일은 다음날에 한다. 빈번히 늦게 집에 가서는 건강이 좋지 않으며 가정 서비스도 불가능할 것이다. 건강과 환경의 측면에서 잔업을 개선하여 연간 2억 엔 정도 줄이자는 아이디어이다. 잔업의 삭감은 어쩌면 예상을 뛰어넘는 효과가 기대되는 거대한 재원이기는 하지만, 비교적 까다롭고 어려운 문제로서 여전히 처리되지 않고 남아 있다.

제2차 재정 개혁의 기본 방침

제2차 재정 개혁의 기본 방침은 다음과 같다.

(1)대학 개혁의 방향성

국립대학의 법인화와 공립대학법인 제도의 창설 등의 대학개혁 추진에 수반하여, 21세기의 인재육성을 짊어질 고등교육기관에 대한 국고지원의 존재 방식이, 모든 국·공·사립대학을 망라한 경쟁 원리에 기반을 둔 재정 지원으로 전환되고 있다.

이러한 가운데, 사립학교법의 일부 개정에 따라 이사회·평의원회의 권한·역할의 명확화, 감사의 직무권한 강화 등을 중심으로 한 학교법인 관리운영제도의 개선과, 관계자에 대한 재무정보 공개가 의무화되었다.

앞으로 각 사립대학은 저출산 경향과 다양화된 교육 수요 속에서 「유니버시티 거버넌스」를 더 한층 강화하여 학비부담자 등의 스테이크 홀더에게 각종 정보의 공개를 촉진하지 않으면 안 된다. 사립대학으로서의 사회적 책임을 다하고, 법인화된 국립대학이나 해외의 여러 대학과 경쟁하기 위하여, 다시금 건학 정신으로 돌아가 와세다대학으로서의 개성과 끊임없는 자조 노력에 의해 대학 개혁을 추진하고, 지금까지 이상의 경영 노력을 통해 학생 서비스의 향상을 추진해 나감을 기본으로 삼지 않으면 안 된다.

와세다대학은 2004년 9월부터 새로이 학술원 체제를 창설하여 더한층 교육연구기능의 강화를 도모함과 동시에, 2007년의 창립 125주년을 향하여, 대학원 등의 신설을 비롯한 새로운 시대의 교육연구 시스템 구축을 전 학교적으로 추진해 갈 것이다. 아울러 교육연구를 지탱하는 재정기반을 보다 강고히 하기 위해 1996~1999년도에 걸쳐 전학교적으로 추진한 「재정 개혁」, 「재정구조 개혁」에서 처리되지 않고 남겨진 고정비용의 삭감 등의 과제들의 해결을 위해, 기존의 제반 제도의 개혁을 포함한 「제2차 재정 개혁」을 전력으로 추진하기로 한다.

(2)국제경쟁력이 있는 세계 최고 수준의 사립대학으로

앞으로의 대학 경영은, 교학·경영의 양면에 있어서 해외의 저명한 대학들과 견줄 수 있는 세계 최고 수준의 사립대학으로 성장해 가는 것을 목표로 삼아, 안정적인 재정기반의 확립을 도모하기 위해 더 한층 구조개혁을 단행해 가지 않으면 안 된다.

(3)새로운 교육연구사업의 전개

이러한 상황 하에서, 와세다대학은 2004년도에 국제교양학부·대학원 법무연구과·대학원 파이낸스연구과를 개설한 데 이어 2005년도에는 대학원회계연구과(전문직 대학원)를 신설하여 교육 수요의 충족을 도모하고, 한층 더한 교육연구 조건의 향상을 위한 경영에 노력할 방침이다. 하드웨어의 측면에서는, 다양한 교육연구 사업을 전개하는 거점으로서, 정문 앞 정비사업의 α동을 준공시켜 교육연구 환경의 정비·충실을 도모할 예정이다.

(4)2005년도 예산편성방침(안)

2005년도 예산은 귀속수지의 개선을 도모하고, 대학 재정 상의 리스크·매니지먼트를 철저히 하여 「재정의 독립」을 실현하며, 교육연구 조건을 더한층 향상시키기 위하여 중기적 경영 계획과 대학 재정의 전망에 입각하여 예산 편성을 한다. 중기적 과제로서, 총 인건비의 조절 등의 「제2차 재정 개혁」의 핵심이 되는 고정비 부담 삭감에 착수함과 동시에 단기적으로는 직원의 시간외근무 시간 삭감을 비롯하여 기존 사업의 개선을 통한 슬림화를 계속한다. 신규 사업에 관해서는 우선순위를 감안하여 채택하기로 하고, 중점사업에의 예산 배분을 충실히 할 것을 기본으로 삼지만, *"PAY AS YOU GO"*라는 기본 이념을 원칙으로 하여 재원의 자력 염출 방법을 찾아 예산 외 지출은 최대한 행하지 않기로 한다. 또한 외부자금의 적극적인 획득도 계속해 가기로 한다.

구체적인 예산편성 방침은 다음과 같다.

①중점사업의 추진

• 교육연구 환경의 정비·충실

「21세기 교육 연구 그랜드디자인」에 근거한 교육연구 환경의 정비·충실을 목표로 하여, 이하의 사업에 대하여 필요한 예산 조치를 취한다.

• 2005년도에 신규로 부임하는 교원 13명을 포함한 교원 증원의 인건비 예산

• 2005년도에 개설하는 대학원 회계연구과에 드는 교육연구 경비 예산

• 정문 앞 정비사업의 완성

α동 준공에 수반하는 건설관계비를 예산 조치한다.

②사업 계획의 개선

• 시설 계획의 엄선에 의한 시설관계 지출의 개선

현재 진행 중인 창립 125주년 기념사업 및 정문 앞 정비 사업을 최우선시하고, 그 외의 시설 계획은 긴급성과 우선순위 등을 감안하여 시설계획 전체를 재검토한 다음 총액을 억제한다. 또한 오쿠보 캠퍼스(이공학부) 63호관(가칭) 건설에 관해서는, 이사회의 기본 방침에 부합하는 자금 계획을 책정하기로 한다.

• 신규사업 재원의 자력 염출

원칙적으로 신규사업을 포함한 지출 예산의 총 규모를 전년도 예산과 같은 액수 이하로 억제한다. 또한 각 항목별 신규사업에 관해서는 그것에 맞는 새로운 재원을 확보하든가, 혹은 기존 사업을 개선하여 재원을 자력으로 염출할 것을 기본으로 한다. 관례나 기득권 위에 안주하는 일없이, 기존 사업의 효과를 다시 책정하고, 그 개선을 행하는 것으로 한다.

③재무체질의 개선

• 유이자 부채의 축소

2005년도에 25억 엔의 차입금을 변제하고, 자금조달 비용 감소를 도모함을 목적으로 삼아 유이자 부채의 축소를 추진한다.

(5)재원을 염출·재생하기 위한 구체적 방안

• 외부 자금 획득(연구비·장학금 등)

• 인기 없는 수업 과목의 개선

• 직원 시간외근무 시간 삭감(건강관리측면·노동환경측면의 배려)

• 캠퍼스 총합관리의 효율화

• 물품·도구 다 쓰기와 리사이클의 촉진

• 광열수도비 절감

• 인터넷 활용 등에 의한 인쇄비·복사비 등의 각종 경비 절감

• 사전구입의 활용이나 여행 대리점의 집약 등에 의한 여비교통비의 절감

• 장학기금 및 교육연구기금 등의 발본적인 사업내용 개선

• 엘리베이터·에스컬레이터 보수비의 삭감

• 보건위생비의 조정(지구환경을 배려하여, 위생비·위생관리비 등의 절감을 철저히 한다)

• 통화료 조정(전용 고속회선 등을 활용한 통신 네트워크 시스템 구축을 추진하여 통신·전화요금을 대폭으로 억제한다)

• 기념행사의 자숙 등에 의한 회식비·잡비의 절감

• 새로운 자금운용의 과실을 재원으로 한 특별장학금 제도의 신설

제4장

대학 개혁의 논점

교육 개혁은 살아있는 시장에서 배워라

교육에 관련된 사람들은 실제로 세상 동향에 어둡다. 잘 모르는 것이 고상함의 증거라고 착각하고 있는 것은 아닐까? 이것이야 말로 교육 시스템의 개혁을 늦추는 근본적인 문제이다. 세상을 움직이고 있는 시장의 작동 원리야말로 교육개혁을 달성하기 위한 길을 확실하게 제시하고 있다.

현재에 이르기까지의 사회 동향을 되돌아보자. 시장의 수치는 거울처럼 정직해서 훌륭하게 세상을 비춰 내고 있다. 과거의 숫자를 되돌아봄으로써 격동하는 새로운 시대에 대응하는 길이 보이기 시작할 것이다.

1980년대는 황금의 시대였다. 1975년까지 계속된 베트남 전쟁에 의해 짙게 배어 있던 미국 경제의 인플레이션이 진정되는 양상을 나타낸 것이 1979년의 일이다. 급등하고 있었던 원유 가격도 1983년 OPEC(석유수출국기구) 총회의 가격인하 결정에 따라 진정되었다. 인플레이션이 진정되고 있던 와중에 금융 완화와 경기의 확대가 발생했기 때문에 세계적으로 주가가 상승하고 있었다.

이런 상황에서 1981년에 등장한 사람이 로날드 레이건 대통령이다. 레이건은 강한 미국의 재건을 목표로 한 경제 정책인 레이거노믹스를 추진하여 달러 가치가 상승했다. 하지만 달러 가치의 상승이 점차 과도하게 진행되어 각국 금융정책의 자율성을 빼앗기 시작했다. 그러한 시점에 각국 주요 수뇌부의 협의에 의해서 결정된 정책이 달러약세 정책, 즉 1985년의 '플라자 합의'이다.

이 합의에 의해 일본은 급격한 엔고·달러약세에 휩쓸리게 되었다. 급격한 변화는 경제의 대혼란을 불러일으키기 때문에 일본의 통화당국은 대책 마련에 나섰다. 그것이 바로 금리인하이다. 금리인하는 시중에 대량의 자금을 공급하는 것이다. 이리하여 시중에 돈이 과잉 상태, 남아도는 상태가 되었다. 또한 급격한 엔고에 의해 수출산업이 타격을 받기는 하였지만, 그것은 일시적인 부작용으로 끝나고, 금리인하에 편승하여 건설, 유통, 부동산 등 내수를 근간으로 한 기업들을 중심으로 수익을 크게 끌어올리고 있었다. 주식시장은 일관되게 계속 상승하였고, 경기 과열에 경계심을 품은 당국의 금리인상도 효과가 없었으며, 경제계는 이전에 없던 호경기에 들끓기 시작했다. 그리고 여분의 돈은 토지를 비롯한 다양한 섹터로 흘러들어가 가격을 끌어올리고 있었다. 이것이 바로 버블 경제이다.

근거 없이 상승하고 있었던 가격은 언젠가 원래대로 되돌아간다. 이 또한 시장의 메카니즘이다. 1990년 1월 주식거래 첫날부터 주식, 엔화, 채권의 가격이 일제히 떨어지기 시작했다. 그 와중에 이라크의 쿠웨이트 침공이 발발하여(1991년) 원유 가격이 몇 배 이상으로 급등했다. 경제가 비정상적으로 바뀌고 있었음에도 불구하고 일본의 통화당국은 잘못된 판단을 하여 금리를 인상해 버리게 된다. 기업수익의 역전, 증권계의 불상사 등도 겹쳐 평균 주가는 2년 반 만에 반값 이하까지 떨어져 갔다. 경제성장률과 토지 가격이 모두 침체가 계속되고 있었다.

1992년 중반부터 일본 정부는 몇 번이나 종합경제대책을 내놓는다. 그 효과도 있어서 한신 아와지阪神淡路 대지진과 지하철 독가스 사건, 1달러에 80엔이라는 엄청난 엔고의 파도를 맞으면서도 경기는 일시적으로 회복세를 보였다.

1996년에 접어들 무렵의 일본 경제는 아직 완전히 회복되지 못한 상태였다. 거기에 갑자기 찬물을 끼얹은 것이 하시모토 류타로 내각의 소비세 인상 결정이다. 이에 더하여 아시아 통화위기, 대기업 금융기관의 잇따른 파탄, 러시아 경제위기, 그리고 미국 금융시장을 붕괴 직전까지 몰아넣은 대기업 투자회사의 경영 파탄 등에 의해 세계가 금융위기의 양상을 드러내게 되었다. 그리고 일본 경제는 마이너스 성장을 기록하고 있었다.

일시적으로 희망을 보인 것은 정보통신기술의 진전과 그 기술을 다루는 기업의 실적 호조에 의한 주가 상승이다. 2000년을 전후로 일어난 일시적인 호경기는 IT경기(나중에 IT기업 주가의 급락으로 주식시장은 다시 침체되기 시작하여 IT버블)로 불리게 된다.

일본 정부가 경기회복 선언을 발표한 시기는 2002년 9월이다. 1990년의 버블 붕괴로부터 십여 년, 일본 경제는 수많은 파도를 맞으면서도 드디어 자율적인 회복의 길을 걷기 시작했다([도표17] 참조).

그렇다면 어떻게 해서 미증유의 대불황을 딛고 다시 일어설 수 있었을까? 그것은 일본 정부의 정책이 옳았기 때문도 경제가 자연스럽게 회복했기 때문도 아니다. 경제를 짊어진 모든 섹터, 특히 기업이 엄청난 피를 흘리면서 개혁에 착수하여, 그것을 이뤄냈기 때문이다. 경영의 투명화, 온갖 부문의 효율화, 집중과 선택이라는 말로 대표되는 사업의 철저한 개선, 불량 자산의 상환, 정보 시스템의 도입, 인원 정리, 새로운 인사 시스템의 도입, 신규 사업의 개척 등 어느 하나도 간단한 테마는 없었다. 그동안 임금수준의 베이스 상승이 한계에 이르렀다는 인식에 따른 임금 삭감은 당연한 것이 되었고, 해고된 사원이나 피고인이 된 경영자도 수없이 나왔다. 어느 누구에게

【도표17】 일본 평균주가와 기업 도산건수의 추이

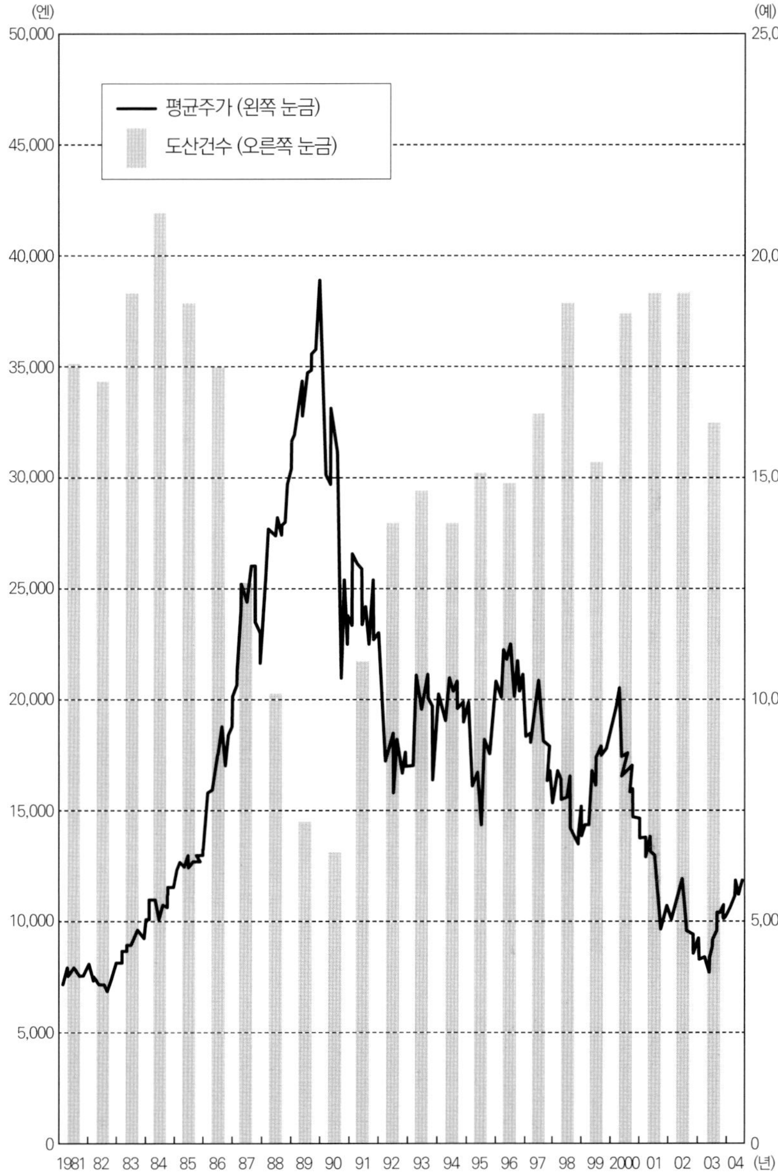

도 유쾌하지 않은 일이었다. 이 시기에 중장년 남성의 자살이 급증하고 있는 것을 보아도, 얼마나 힘겨운 시대였는지 헤아려 볼 수 있을 것이다.

사회, 경제, 그 중에서도 특히 금융기관, 정치 등 모든 섹터는 오래된 체질의 껍데기를 깨부수도록 요구당한 것이다. 이를 요구한 것은 넓은 의미에서의 시장(마켓)이며, 여기에 제대로 대응할 수 없는 조직은 퇴장을 강요당하는 것이 시장의 메카니즘이다. 이러한 시장의 요구는 대단히 엄격하다. 구태의연하고 오래된 체질을 그대로 둔 채로 살아남으려고 해도 허용되는 경우는 없다.

왜 개혁의 필요성이 인식되지 않았을까

대학은 전후 일본 경제의 고도성장·안정성장에 발맞추어 발전을 이루어 왔다. 이러한 안정된 환경은 1990년을 전환점으로 격변하고 있다.

물론 그 이유는, 대학을 둘러싼 경제사회가 대불황에 돌입한 것도 큰 요인이지만 대학의 입장에서 중요한 것은, 18세 인구의 감소. 즉 시장의 축소이다. [도표18]을 보면 일목요연하게 알 수 있듯이, 그 흐름은 일본 경제의 지표인 평균 주가의 하락과 정확히 같은 타이밍으로 대학이 직면하게 되었다.

그럼에도 대부분의 대학의 총장, 학장들은 이 시점에서 대학 개혁의 필요성을 그렇게까지 강하게는 인식하고 있지 않았던 것으로 여겨진다. 이 시기에 대학의 수와 입학 정원은 일관되게 계속 증가하

【도표18】 18세 인구와 정원 미달 대학 수의 추이

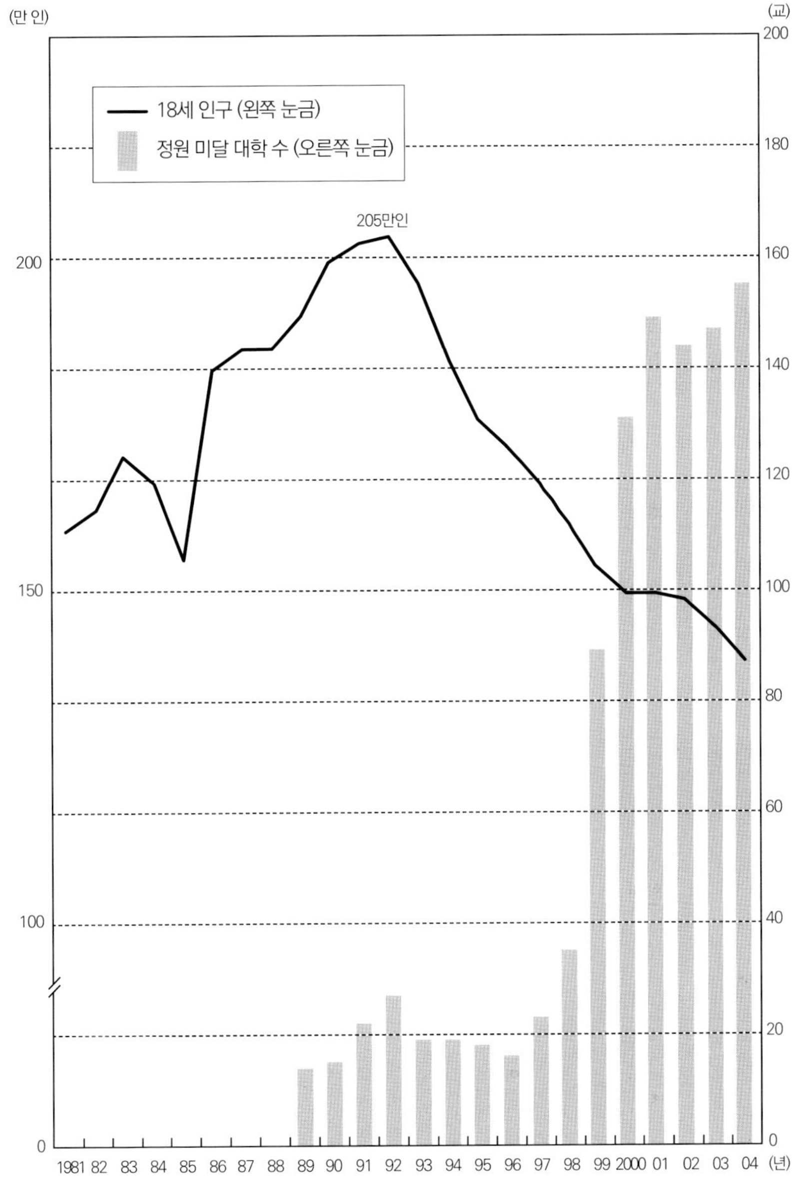

고 있다. 무엇보다 내가 와세다대학 재무담당 상임이사에 취임했던 당시의 완전히 이완되었던 분위기가 그것을 증명하고 있다. 그리고 2000년도에 접어들어 정원을 밑도는 대학이 급증하기 시작한다. 2004년도의 시점에서는 약 150개 학교, 전체의 30%에 달하게 된다. 가까운 시일 내에 몇몇 대학이 도산을 맞닥뜨리게 될 것이다. 나는 굉장히 유감스럽게 생각한다. 일본 기업이 피땀을 흘려가며 노력하고 있었던 10년간 대학은 무엇을 해 온 것인가? 철저한 개혁으로 역풍을 극복할 준비를 할 수 있었던 10년을 허비해 버림으로써 그 대가가 경제 사회보다 10년 늦게 나타나기 시작했다고 생각하지는 않는 것인가? 기업이 괴로워했던 버블 붕괴가, 이제부터 시작되려고 한다는 것을 얼마나 이해하고 있는 것인가?

나는 ***"달이 차면 기운다."***라는 말을 스스로의 교훈으로서 마음속에 새기고 있다. 절정기·만조일 때 이미 스스로 소홀히 한 요인이 내부에 싹트고 있다. 전후의 고도성장이나 앞서 살펴본 버블경제는 틀림없이 가득찼기 때문에 기울기 시작한 것이다. 이러한 자연의 섭리에 따를 수밖에 없는 것처럼, 자유경쟁을 전제로 한 시장 메카니즘에는 그 어떤 것도 거스를 수가 없다. 더욱이 시장은 나날이 변동, 천변만화千變萬化하고 있다. 세상의 동향에 소원하다는 것이 얼마나 큰 위험을 초래하는지 알아야 하지 않겠는가?

다행스럽게도 버블 붕괴를 극복한 사회로부터 배울 점이 많이 있다.

대학이 구태의연한 옛 체질을 남기고 있으면 내일은 없다. 왜냐하면 불황을 극복할 수 없었던 기업은, 마찬가지로 옛 체질에서 탈피할 수 없었던 점에서 그 원인을 발견할 수 있기 때문이다. 대학은 18세가 되는 젊은이들의 새로운 것을 추구하는 성향을 확실히 헤아리고, 거기에 부응하는 새로운 교육을 준비하지 않으면 안 된다. 왜냐하면, 신규 사업을 개척함으로써 기업은 재성장의 길을 찾아왔기 때문이다. 대학에서 일하는 교직원의 보수는 실적에 따라서 공평하게 분배되어야 한다. 왜냐하면, 기업은 이러한 보수의 원칙이야말로 진짜 공평하다는 점을 깨달음으로써 다시 활력을 되찾을 수 있었기 때문이다.

교육개혁의 기본은 시장의 역사적 교훈에서 배우는 것이다. 공통된 점은 끊임없는 개혁이며, 혁신의 필요성이다. 본 장에서는 다양한 시점에서 대학개혁의 힌트를 고찰해 보고자 한다.

미국의 대학을 시찰하고 통감한 것

일본의 대학개혁의 키워드는 「교육·경영 혁신과 책임」, 즉 유니버시티 거버넌스의 확립이며, 이러한 문제를 오랫동안 망각하고 있었다. 나는 사회경제 생산성 본부가 2001년 8월에 파견한 「미국 대학 경영전략 조사단」의 단장으로서 12일간에 걸쳐 뉴욕, 보스턴 등의 대학과 교육관련 기관을 방문·시찰하고, 이를 재차 실감했다.

미국과 일본의 대학은 무엇이 다른 것인가?

먼저, 직업의식의 차이이다. 프로페서널한 의식이 일본과는 상당히 다르다. 미국의 대학은 '항상 대학이 살아남을 수 있는 조건이란 무엇일까?'를 생각하며 행동하고, 경영하고 있다. 대학의 영원한 발전을 위해 학교 경영 전반에 걸쳐 다른 학교와 경쟁하고 있다는 점이 미국 대학의 현재 상황이다. 「학교 산업」이라는 특징이 존재하고, 거기에 시장이 있으며, 그 안에서 등급평가가 행해지고 있다.

미국의 크고 작은 대학들을 시찰하면서 시장주의가 작용하고 있다는 사실을 실감했다. 일본에는 이러한 시장주의가 없고, 서로 간에 절차탁마切磋琢磨의 의식도 그다지 없으며, 태평스러운 운영이 행해지고 있다. 거기에는 「경영」이라는 두 글자가 결여되어 있다. 일본에는 국립, 공립, 사립대학이 2004년 11월 현재 709곳 있으며, 지난 6~7년간 약 100개의 대학이 설립되었다. 시대에 역행하는 설립이 아닌가라고 강하게 느끼고 있다. 거기에 시장주의나 경쟁이 있는가? 라고 묻는다면 의심스럽다.

제3자 평가기관이 일본의 학교 시스템 내에는 없다. 평가제도가 확립되어 있는가의 여부는 매우 중요하며, 기업이라면 점검·평가가 이루어지고, 이를 토대로 등급 분류가 행해진다. 그것이 주식 가격이며, 파이낸스에 반영된다. 그러한 평가제도가 있기 때문에 미국의 대학은 순위 상승을 위해 노력하고 있다.

교수에 대한 평가도 미국에서는 엄격히 확립되어, 학생에 의한 평가나 제3자에 의한 평가 등 다양하다. 그와 동시에 "publish or perish"(논문 실적이 없으면 그 사회에서 매장된다는 의미)의 정신이 제대로 발휘되고 있다. 논문발표가 없는 교수는 쓸모없다는 사고방식이 명확하게 확립되어 있는 것이다. 게다가 교원에게는 자금조달이라는 문제도 부과된다. 교원의 급여는 9개월 또는 10개월분밖에 지급되지 않는다. 남은 월급은 스스로 조달해야 하는 것이다. 또한 학생 한 명당 5만 달러에 해당하는 연구비도 교원의 책임이다. 연구실에 5명의 학생이 있다면, 25만 달러를 학교 밖에서 조달하지 않으면, 만족스러운 연구 환경이 만들어지지 않는다.

무시무시한 경쟁이지만, 거기에서 살아남아 있는 연구자의 대부분이 인간적인 매력이 흘러넘치는 사람들이었다는 점 또한 의외였다. 일본에서는 이러한 점이 없고, 논문업적이 있든 없든, 연구비를 조달할 수 있든 없든, 정년까지 잠자코 앉아 있으면 일은 계속 할 수 있다. 이러한 방식으로는 교육과 연구의 질을 향상시키기 위한 인센티브가 만들어지지 않는다.

특히, 미국에서는 경영능력을 갖춘 인재가 존중받으며, 또한 활동 가능한 체제와 조직이 확립되어 있다. 일본에서도 대학 조직에 대한 외부의 제3자 감시 기능이 필요하며, 학생들의 수요에 부합하는 교육 서비스를 강화해 나가지 않으면 안 된다.

미국 대학의 강고한 재정 기반

다음은 재정 기반의 강고함, 즉 누가 재정수지에 대해 책임을 질 것인가 하는 점이다. 기업에는 사장과 이사회가 있으며, 학교에는 이사장 혹은 총장과 이사회가 있다. 미국에서는 튼튼한 재정수지 체제가 마련되어 있어, 재정 정책과 연계한 학교경영이 뿌리를 내리고 있다. ***"수지가 취약한 대학은 좋은 교육을 할 수 없다."***라는 점이 기본이다. 일본의 경우는 그렇지 않으며, 어떤 상태인지 잘 모르는 것이 현재의 상황이다. 미국의 유명 대학은 모두 재정기반이 안정되어 있다.

기부금과 기부세제에도 차이가 있다. 기부금은 사립대학의 가장 중요한 수입원이며, 그 원천은 졸업생인 동문, 혹은 학생과 그 부모, 교직원, 독지가, 민간 기업 등으로부터의 이른바 고귀한 기부이다. 이렇게 많은 사람들이 학교경영에의 일부를 담당하고 있다. 이것이 진짜 사립대학을 지탱하는 네트워크라고 여기고 있다. 미국의 경우, 매우 우대된 세제를 기반으로 기부금이 모이고 있다. 기부금에 관해서도, 일본과 미국의 차이를 실감했다.

운용자금 문제와 자금운용에 있어서도 일본과 미국은 차이가 있다. 미국의 대학은 상당한 자금이 충실히 모이고 있고, 자금운용도 다양하고 광범위하다. 운용자금은 일본의 대학과는 비교되지 않을 정도로 거대하여, 그 규모가 2조 엔에 달하는 곳도 있고, 1조 엔인 중간 정도의 규모도 있으며, 소규모라도 5천~6천억 엔을 가지고 운용하고 있다. 그 자금은 대부분이 기금, 즉 재단을 형성해서 분리 운용하고 있다.

자금운용의 내용은 국내 외국 주식, 채권, 투자신탁, 또 일부는 투자고문회사에 업무를 일임하든가, 혹은 토지 관계의 투자, 산·삼림·석유·금에의 투자 등 광범위하게 자산을 배분하는 포트폴리오를 짜고 있다. 전문가가 자금운용을 담당한다는 점도 일본과는 완전히 형태를 달리하는 것이다([도표19] 참조).

학생의 모집 방법에도 큰 차이가 있다. 미국의 각 대학은 각자 저마다 특성과 독창성originality을 내세우면서 학생을 모집하고 있다. 개성이 없는 대학 등은 거들떠보지도 않기 때문이다. 그래서 개성을 내세우기 위해 미국의 대학들은 다양한 각도에서 연구하고 고민하며, 학생모집에 이를 반영시키고 있다. 사회의 요청에 부응해 간다는 사고방식이다. ***"사회가 현재 교육계에 무엇을 요청하고 있는가?"*** 그 대답을 확실히 생각하여 학생을 모집하고 있다. 이 점이 일본과는 다르다.

【도표19】 미국 유력 대학의 자금운용 형태

- 자금운용으로 수입의 4분의 1을 지탱하고 있다.

(2000년도)

예일대학			하버드대학		
운용자금	1조 2120억 엔		운용자금	2조 2800억 엔	
(내 역)	국내주	14%	(내 역)	국내주	22%
	해외주	9%		해외주	24%
	비공개주	25%		벤처캐피탈 비공개주	15%
	헤지펀드	20%		헤지펀드	3%
	-	-		커머디티 (상품)	6%
	실물자산	15%		부동산, 산림 등	7%
	채권	9%		국내채	10%
	-	-		외국채	4%
	-	-		인플레지수 화채권	7%
	현금	8%		-	-
수 익	41%		수 익	32%	
귀속수입 내역					
투자운용(수익의 5%)		22%	투자운용(수익의 5%)		27%
수업료		15%	수업료		23%
위탁연구비		21%	위탁연구비		22%
의 료		16%	의 료		-
기부금		7%	기부금		7%
기타 (출판 등)		19%	기타 (출판 등)		21%

프린스턴대학		스탠포드대학	
운용자금	5500억 엔	운용자금	9600억 엔
2000년의 수입의 60%가 기부금과 위탁연구비이다.		1,000만 평의 교지를 소유하고 있으며, 그곳에 휴렛팩커드사를 비롯한 기업을 유치하여 실리콘밸리를 만들어낸 것으로 유명하다.	

하지만 미국의 대학도 경영의 전환기를 맞이하고 있다. 일반적으로 미국에서는 학비의 비중이 낮아, 수입에 차지하는 학비의 비율은 평균 25%를 넘는 정도라고 여겨진다. 학비의 비중이 높은 대학은 학비 의존 체질에서 빨리 빠져나오려는 방향 전환을 시도하고 있다. 예를 들면, 일부에서는 칼리지college제를 도입하여, 독립채산제에 의한 경쟁의 도입을 꾀하려는 움직임도 나타나고 있다.

이러한 경쟁 심화의 와중에도, 학생에 대한 서비스의 개선도 꽤 시행되고 있다. 예를 들면, "교수는 주 3회 반드시 학생과 긴밀한 면담을 행할 것"이라든가, 보스턴대학에서는 "교수는 주 5일 근무할 것" 등을 총장으로부터 엄격하게 지시 받고 있다. 교수가 학내에서 근무하는 것에 관해 미국의 교수는 일본보다도 적극적이라고 말할 수 있다. 요컨대 학교가 어떠한 상품을 학생에게 판매 할 수 있을까 하는 문제에 대해, 각자가 독자적으로 생각하고 있다는 것이 현재의 상황이다. 이러한 것은 일본의 대학에서는 극히 미약한 형태로 표현되고 있을 뿐이다.

일본과 미국 경영의 가장 중요한 차이인 것이 미국의 대학 경영은 「매니지먼트」를 토대로 행하고 있는 데 비해서 일본의 대학 경영에는 「매니지먼트」가 부재한 상황이라는 점이다. 그 차이는 명확하며, 일본의 대학은 「경영」이라는 두 글자가 없는 채로 운영되고 있다. 일본 대학 개혁의 키워드는 「교육·경영 혁신과 책임」 즉, 유니버시티 거버넌스인 것이다. 이제까지 이러한 점이 결여되어 있었던 사실을 새삼 인식하게 되었다.

새로운 경쟁 시대의 도래

최근에야 비로소 자신감을 가질 수 있게 되었지만, 와세다대학의 개혁은 다른 대학에 비해 앞서고 있다고 알려지고 있다. 하지만 와세다대학이 앞서가서 괜찮으면 만족이 되는가 하면 꼭 그렇지는 않다. 일본의 대학 전체가 바뀔 필요가 있다고 나는 생각하고 있다.

"대학이란 인재를 양성하는 곳이다. 그렇기 때문에 대학이 바뀌면 일본이 바뀌고 일본이 바뀌면 세계가 바뀐다." 이것이 나의 신념이다. 교육이야말로 국가 만들기의 기본이라는 점을 잊어서는 안 된다. 우리나라의 고등교육기관이 바뀌면 거기에서 자란 사람들에 의해 국가가 바뀌며, 일본이 바뀌면 세계가 바뀌는 것이다.

그러한 중책을 짊어진 대학이 시대에 뒤쳐져 있다면 말이 되지 않는다. 먼저 시대의 상식이 통용되는 조직으로 개혁하고, 그리고 일본을 이끌어가는 「지식축적知的集積」에까지 고양시켜 가지 않으면 안 된다. 와세다대학이 바뀌는 것만으로 일본을 바꾸기에는 불충분하다.

어느 시대라도 새로운 변화를 초래하는 것은 이노베이션(혁신)이다. 이 점은 학교 산업에 있어서도 마찬가지다. 국립대학은 2004년에 독립된 법인으로 바뀌었다. 이에 따라 민간적 발상을 가진 경영 기법을 도입할 수 있게 되었다.

제국대학의 창립, 전후 새로운 제도의 대학 설립, 오늘의 국립대학 법인화로 이어지며, 대학 개혁은 3단계에 걸쳐 개혁·혁신되어 왔다. 이것은 자연스러운 흐름이며 시민사회로부터의 시대적 요구이기도 하다. 그렇다면 지금 대학이 취해야 할 길은 무엇일까?

21세기 대학의 경영 개혁, 교육 개혁에서는 모든 국립·사립대학이 서로 경쟁 상대이다. 대학 경영의 불안정·불투명한 상태야 말로 대학의 개성화를 선명히 내세울 수 있는 기회가 되기도 한다. 다만 이를 방해하는 대학 내의 관습적 방해 요인은 세 가지가 있다. 그것은 경직성, 긴장감과 위기의식의 부재, 그리고 뒤로 미루려는 주의이다.

이 세 가지 악습을 타파하는 것이 열쇠가 된다.

오랜 역사를 가진 유명 대학은 무사안일했던 시대와는 종말을 고해야 하고, 머지않아 적지 않은 대학이 도산하게 될 것이다. 살아남기 위한 치열한 싸움이 시작되고 있다. 학생에게 보다 많은 교육적 부가가치를 부여할 수 있는 대학만이 살아남는 시대에 돌입했다는 것을 깊이 명심해야 한다.

국립대학의 법인화가 시작되었다는 것은 국·공·사립대학 간에 존재하던 경계의 틀이 무너지고, 학교 산업 내에서 대학 간의 자유화와 경쟁이 시작됨을 의미한다.

대학인이라고 불리는 사람들은 이러한 사실을 어떻게 받아들이고 있는지가 의문이다. 왜냐하면 대학인이라는 사람들의 이론이 산업인과는 상당히 괴리되어 있기 때문이다. 이러한 괴리가 도대체 어디에서부터 오는 것인가 하면, 경영의 부재에서 기인한다.

지금이야말로 국립대학과 사립대학에 「경영」이라는 두 글자, 매니지먼트를 토대로 한 경영을 뿌리내릴 수 있는 절호의 찬스가 왔다고 생각하지 않으면 안 된다.

나는 2001년부터 사적인 공부 모임을 발족하여 뜻이 있는 사립학교 경영자와 교류의 장을 만들어 왔다. 산업계에 다양한 연결고리를 가지고 있기 때문에 최고 경영자를 초빙해서 학교 경영과 산업 경영을 테마로 각자의 사고방식에 대해 논의하거나 이야기를 나누고 있다. 이것은 이어서 소개할 「21세기 대학 경영협회」이며, 이러한 자리를 마련하여 의식개혁을 추진하지 않는 한 일본의 대학 경영을 바꿀 수는 없다.

내가 항상 유감으로 생각하고 있는 것은 대학의 중심에 있는 사람들의 개혁에의 대응이 어중간하게 끝나고 만다는 점이다. 대학의 경영 조직은 대부분 관료조직이라는 게 문제점이다. 지도자인 대학의 경영진이 명확한 경영 전략을 가지고 있지 않으면 대학의 진보와 발전은 없다. 일반 교직원은 물론 학생, 학부모, 시민사회부터 점차 신뢰를 얻을 수 없게 된다. 그럴싸한 이야기는 할 수 있어도 이를 실행할 수 있는 인재는 없다는 것이다.

어느 대학도 경험한 적이 없었던 변화와 개혁에 대한 압박은 느끼지만 실행할 수 있는 방법을 모르는 것이 문제이다. 현재의 사립대학조차도 그러하니 하물며 국립대학은 어떻겠는가? 법인화된지 얼마 안된 국립대학의 지도층에 경영을 아는 사람이 몇 명이나 있을까? 유감스럽지만 현 시점에서는 거의 제로에 가깝지 않을까?

와세다대학의 개혁에서 얻은 노하우와 식견을 국립대학을 포함한 모든 대학으로 전파해 나가는 것, 이것이 나의 미션이며 개혁의 새로운 영역인 것이다.

「21세기 대학 경영협회」의 사상

버블경제 붕괴 후의 일본에서는, 경제 사회 전반에서 구조개혁이 추진되어 왔지만, 최근에 와서야 비로소 회복의 조짐을 보이는 경기 상황 속에서, 고수익을 내는 기업은 예외 없이 「낭비 없는 효율 경영」을 철저히 시행하고 있다. 한편으로 의식의 개혁이 시행되지 않은 채로 일반사회로부터 완전히 뒤쳐져 있는 상태를 부정할 수 없는 교육계에 있어서도 시대의 변화에 맞춘 개혁은 필수이다. 전국의 고등교육기관에서 널리 경영적 이념을 도입하는 개혁의 바람을 일으키고자 2003년 말에 「21세기 대학 경영협회」를 세웠다. 시오가와 마사주로塩川正十郎 전재무대신을 최고 고문으로 임명하고, 미야우치 요시히코宮内義彦 오릭스 회장이 이사장을 맡고, 내가 부이사장직을 맡아 모임을 주도하는 형태로 발족시켰다. 대학 기관에 종사하는 자들만이 아니라 산업계에서도 인재를 받아들여 횡단적으로 대학 경영을 연구하는 조직이다. 이사 22명은 대학인 10명, 산업인 12명으로 구성되어 있다.

내가 이러한 조직을 만들게 된 가장 큰 계기는 앞서 소개한 미국 대학 방문 시찰이다. 그 당시의 멤버들을 중심으로 공부 모임을 조직해서 이야기하던 중에 이대로의 대학 상태로는 가망이 없다는 결론에 의견이 일치했다. 아오야마青山학원대학과 도요東洋대학의 상임이사가 "세키關씨가 기관차 역할을 한다면 그 뒤를 따를 테니 더욱 큰 조직으로 발전시켜 보자."고 말해서 생겨나게 된 것이다.

와세다대학만이 개혁·개선되었다고 해서 만족할 수 있는 시대는 아니다. 더 앞을 내다보면서 일본의 모든 대학들이 변화해 나가는 자세를 취하지 않는다면, 일본이라는 나라는 변하지 않을 것이다. 기업에 인재가 없다는 이야기를 자주 듣는데, 그것은 대학이 충분한 교육을 하지 않았기 때문이다.

이러한 나의 활동을 두고 전국의 대학 조직의 존재 방식에 공공연하게 도전하는 것이라고 반발하는 사람도 있지만, 오히려 그럴수록 나는 투지가 불타오른다. 현재 상황을 타파하기 위한 대학 개혁을 철저하게 해나가지 않으면 일본의 미래는 암울하다.

현재 일본 대학의 실태를 분석해 보면, 내가 3악三悪이라 부르는 것(경직성, 긴장감과 위기의식의 결여, 뒤로 미루는 주의)이 만연해 있는데, 이 3악의 타파야말로 초미의 과제인 것이다. 또한 대학 조직 안에서도 종신고용, 연공서열, 호송선단행정이라는 안이한 구조에 장기간 동안 푹 젖어 온 교직원이 다수로, 이들이 개혁·개선의 길을 막아서는 세력이 되고 있다.

그 결과 교학뿐만 아니라 재정, 인사 등 대부분의 영역에서 시대에 뒤떨어진 제도를 답습해 오고 있다. 지금이야말로 현재의 상황에서 벗어나, 다각적인 사고에 입각한 개혁이 요구되고 있으며, 유행에 뒤떨어져 시대의 요구를 반영할 수 없는 대학은 교육계에서 퇴장할 수밖에 없는 냉엄한 시대가 다가오고 있다.

전후 60년의 격동기를 거치면서 일본의 사회, 정치, 경제, 교육의 모든 시스템이 최근에 누적된 피로가 생기면서 기능 부전에 빠져버린 것은 명백한 현실이다. 내가 몸담고 있던 민간기업 세계는 이를 알아차리고 최근 10년간 변혁을 위한 노력을 계속 해왔다.

그러나 교육계 개혁의 진척은 지지부진한 수준이다. 오랫동안 지식, 기술의 주입식 교육에 주안점을 둔 체제로, 정신적인 풍요로움의 추구가 등한시되어 온 것이 현실인 것이다. 이른바 편차치偏差値(표준점수) 중시 교육의 결과가 일본 사회 전체의 인재 부족, 말하자면 「인재 도산 상태」를 초래했다는 점을 돌이켜보아야 할 것이다. 교육계뿐만 아니라, 고도성장 시대를 지내오는 과정에서 대학에 인재 공급만을 재촉할 뿐 참교육의 실천을 요구하지 않은 산업계도 책임이 크다. 지능만 발달했을 뿐 정신적으로는 미숙한 인간이 일본사회에 넘쳐나고 있는 것은, 유감스럽지만 숨길 수 없는 사실인 것이다.

전후의 일본 사회에 인재교육이 결여되어 있었음을 깊이 반성하고, 이를 토대로 앞으로의 치열한 국제경쟁에서 뒤쳐지지 않기 위한 대변혁을 행할 것이 요구되고 있는 것이다. (「21세기 대학 경영협회」의 상세한 내용은 홈페이지 참조. http://www.u-ma21.com/)

유니버시티 거버넌스의 논점

이러한 시대 상황 속에서 2004년 4월 1일 국립대학의 법인화가 실시되어, 국립대학도 이제 하드웨어와 소프트웨어 양 측면에서 커다란 변화가 요구되어지는 시대에 돌입했다. 나는 히토츠바시一橋대학, 오차노미즈お茶の水여자대학의 경영협의회 위원에 취임했는데, 이 두 대학에서도 시간은 걸리겠지만 개혁에 착수하고 있는 상황이라고 말할 수 있다. 설치 형태의 측면에서 법인화가 되었다는 점에서, 국립대학은 구태의연하고 무책임한 체제에서 경영의 주체가 되는 체제로의 이행을 요구받는 시대로 변했지만, 새로운 시대의 시작

을 가져다주는 것은 「이노베이션」, 즉 새로운 지적 창조이다.

구체적으로는, 학교경영도 시대의 흐름을 받아들여 새로운 제도를 도입하는 것으로, 독립법인으로서 교학에만 그치지 않고, 운영·경영의 전반에 걸쳐 민간적 발상을 가진 경영 철학이나 개념을 도입하지 않으면 안 된다. 여기서 국립대학의 총장에게는 탑다운Top-down 방식의 리더십을 지니는 동시에 다양화하고 있는 교육적 수요에 관해서는 바텀업bottom-up 방식의 의견을 잘 집약할 수 있는 능력, 나아가 저출산 시대에의 민감한 대응 능력을 겸비한 폭넓은 경영관리 능력이 강하게 요구된다.

법인의 형태로서는, 철저한 정보 공개와 제3자의 평가에도 견딜 수 있는 체제가 필수이며, 최고의사결정기구인 경영협의회에 대학 외부의 유능한 인사를 절반 정도 영입하여 대학 내 관계자와 함께 교학, 경영 전반에 걸쳐 총장을 떠받치는 체제를 구축하지 않으면 안 된다. 그리고 21세기의 총장·총장상으로 「비즈니스 마인드를 가진 학자」로 표현할 수 있는, 미국형의 학교경영이 요구되는 시대가 다가오고 있는 것이다.

국공사립대학을 불문하고 모든 일본의 대학에 요구되고 있는 기본은 「유니버시티 거버넌스」의 확립이다. 거버넌스란 조직의 통제·통치라는 개념이지만, 나는 「유니버시티 거버넌스」를 미션을 명확히 함으로써 경영부재였던 일본의 모든 대학에 경영이념을 도입하는 것이라고 정의한다. 시대적 요구를 감당할 수 있는 조직을 구축하고 이끌어가는 데는 경영관리 능력이 결여된 학장·총장은 부적격하며, 이런 경우에는 외부로부터 적절한 인재를 스카우트할 필요가 있다.

대학의 거버넌스에 대해 말할 때 중요한 것이 세 가지가 있다.

첫 번째는, 대학이 나아가야 하는 방향이나 학생에 대한 교육 서비스의 구체적 내용 등에 대해 대학 내부에 존재하는 학생과 교직원 모두에게 설명과 책임을 명확하게 하는 것이다. 또한 학생 한 사람 한 사람에게 어떻게 해서 높은 부가가치를 부여해 갈 것인가를 목표로 설정해야 한다.

두 번째는, 대학 경영을 위해 귀중한 재화淨財를 제공해 주는 분들, 수업료를 내는 학생과 학부모, 보조금을 교부하는 국가, 이들 모두를 총칭해서 나는 투자자라고 부르는데, 투자자에게 돈의 사용 용도를 정확히 보고하는 설명의 책임을 철저히 하는 것이다.

세 번째는, 대학은 시민 사회가 지탱하고 있다는 점을 명심하고, 공익법인이라는 점을 자각하여, 투명도를 높여 정보 공개를 철저히 하는 것이다. 이것이야말로 종래의 모든 일본 고등교육기관이 결여하고 있던 점이라고 통감한다. 교육이 국가 구조의 기본이라는 점을 결코 잊어서는 안 된다.

일본의 고등교육기관이 변하면 국가가 변하고, 일본이 변하면 세계가 변한다. 세계로 시선을 돌려 보면, 1980년대 미국 레이건 정권의 교육중시 정책이 1990년대 미국 번영의 물결로 연결된다. 더 거슬러 올라가 1970년대 영국의 대처 수상은 교육 개혁을 철저히 함으로써 국가 재건을 완벽하게 이루어냈다. 입장을 바꿔서 일본의 실정에 시선을 돌려 보면, 정말 유감스럽게도 명확한 철학과 이념을 가진 정치의 부재가 최근의 불안정한 상태를 야기하고 있다고 하지 않을 수가 없다.

국립대학 법인화가 의미하는 것

일본의 고등교육기관은 메이지시대 이래 100년을 넘겨 온 문부관료의 지배에서 하루라도 빨리 벗어날 것을 도모해야 할 국면에 처해 있다. 메이지시대의 제국대학 설치와 전후의 신제도의 대학 발족에 이어 2004년 4월의 국립대학 법인화는 일본 대학 개혁의 세 번째 커다란 고비라고 말할 수 있다. 그것은 시민 사회의 시대적 요구이기도 하다. 모든 고등교육기관 간에 경쟁 원리가 도입되어 서로 절차탁마切磋琢磨하며 교육 연구의 질을 높여 갈 것이 요구되는 상황이 되었다.

개혁의 내용은 교육 개혁, 연구 개혁, 경쟁 개혁이라는 세 가지 항목으로 집약된다.

국립대학의 법인화를 통해 경영의 최고책임자인 총장의 권한이 대폭으로 강화되어, 특히 총장에게 학내의 모든 경영 자원의 분배에 관한 재량권이 부여되었지만, 내가 보기에 현실적으로는 역동적으로 그 권한이 행사되고 있다고는 여겨지지 않는다.

내가 경영협의회 위원을 맡고 있는 히토쯔바시대학과 오차노미즈여자대학에서는, 교직원의 급여에 관해, 학생에게 얼마나 공헌하고 있는가에 대한 평가를 매겨 그것을 토대로 한 성과급제를 도입해 급여 격차를 내야 하며, 또한 모든 부가급부fringe benefit를 배제해야 한다고 주장하고 있다. 그러나 그 도입 속도는 지지부진하다. 사실 오랜 전통과 굴레에 속박되어 개혁이 실시되기 어려운 사립대학보다 국립대학이 오히려 과감한 방책을 실시하기 쉽다고 생각하고 있었지만, 그렇지 않은 현실이 안타깝다.

또한 보조금, 운영비교부금은 완전히 어림짐작으로 주는 대로 받는 식의 예산이었고, 그 용도도 모두 문부과학성의 지시에 따르고 있는 구조였는데, 법인화 후에는 용도를 자유재량으로 결정할 수 있도록 바뀌었다. 국립대학의 경영진이 경영 책임을 자각해야 하는 시대가 되었다. 지금까지 완전히 결여되어 있던 결과 체크 시스템을 확실하게 도입하여, 시책마다 책임자를 명확히 해서 문서로 남겨 놓자고 주장하고 있다. 하지만 민간 기업에서는 당연한 발상이라고 여기는 이러한 주장에 대해, 전혀 이해하지 못하는 사람들이 지나치게 많은 곳이 국립대학이라는 조직 사회이다. 그런 의미에서, 국립대학이 높은 잠재력을 가지고는 있지만 개혁하기까지는 오랜 시간이 걸릴 것이다.

총장과 학장, 그리고 학교 외부의 유식자로 구성된 중역회의를 신설하고, 이를 교학과 경영의 중요사항을 결정하는 기관으로 두어, 총장의 권한을 강화한 강력한 탑다운 방식의 경영을 실시할 것을 목표로 삼아야 한다. 그러나 좀처럼 실력이 있는 총장이 배출되지 않고 있다. 왜냐하면 경영에 정통한 대학인을 총장으로 추대하는 시스템이 없기 때문이다.

국립대학 법인에서는 총장 아래에 경영협의회와 교육연구평의회라는 두 개의 조직이 설치되어 있다. 전자는 경영 전반에 걸친 중기경영계획의 책정, 연도별 예산의 편성·실행, 제반 규칙의 설정·개폐 등을 맡아하고, 산하 조직에서 차기 총장 후보자를 선정하는 작업을 하게끔 되어 있다. 후자인 교육연구평의회의 중요한 임무는 교육연구에 관한 모든 계획의 책정과 교수 인사, 학위수여 심의 등이다. 두 회의체가 저마다의 기능을 잘 구별하여 가동되어, 경영의 양 바퀴가 되는 체제가 중요하다.

교수회 개혁도 큰 과제이다. 학교교육법 제59조에 의거하여, 대학에는 중요사항을 심의하기 위한 교수회를 설치할 의무가 있지만, 현실의 교수회는 경영에 관한 사항 등 본래의 목적에서 벗어난 것에까지 그 권한이 확대되어 버렸다. 교수회에 기대하는 본래의 기능을 완수하지 않은 채 운영되고 있다고 생각할 수밖에 없다. 교수회의 권한을 교육연구에 관한 사항으로 한정하고, 경영에 관한 사항은 경영책임자에게 맡기고, 심의 사항을 공개하여 효율적으로 심의하는 조직으로 개편해야 한다.

요컨대 어떻게 해서 학생들에게 더 높은 부가가치를 제공할 것인가 하는 「EVA」(Education Value Added=경제적 부가가치를 패러디해서 내가 만든 조어로, 지불한 수업료를 넘어서 얻은 인간적인 성장)를 판단기준으로 삼지 않으면 안 된다. 이를 위해 잊어서는 안 되는 요소가 인사이다. 총장은 교원 인사에 최종적인 책임이 있으며 새로운 채용자의 면접에도 책임감을 가질 필요가 있다.

현재 와세다대학의 교원 가운데 타 대학 졸업생이 약 30%를 웃도는데, 넓게 인재를 구한다는 의미에서 볼 때 이 자체는 괜찮은 편이다. 그러나 사립대학인 이상 와세다의 건학 정신을 잘 이해해야 할 필요가 있다. 총장이 책임을 지고 채용에 관여하여 와세다에 어울리지 않는 부적격자는 배제해야 한다. 물론 당연한 말이지만 사립대학이라도 이를 실현하기는 매우 어렵다.

학비 개정도 2005년도부터 자유화가 될 예정이다. 문부과학성에서 받는 국립대학의 운영비 교부금은 향후 감액되겠지만, 그 감액 분은 자주독립적인 경영 노력으로 염출한 자금원으로 보전하지 않으면 안 된다.

어떤 일이건 뼈를 깎는 것만이 개혁은 아니다. 히토츠바시대학의 경영협의회에서는 운영비 교부금의 감액분을 보전하기 위해 수년에 걸쳐 수업료 인상을 허가해 달라고 제안하고 있다. 경영 노력의 성과를 발휘하여 사회의 지지를 받는다면, 수업료 인상도 납득시킬 수 있을 것이다.

재정 조달이 자유롭게 인정받을 수 있게 되었다는 점도 앞으로의 국립대학 운영에는 커다란 의미가 있다. 자금 조달시 정부 보증에 의한 대학 부채 공모가 가능해졌을 뿐만 아니라, 정부 보증에 의존하지 않고 시장에 직접 참가할 수도 있게 되었다. 이 때문에 기업처럼 국립대학에도 재무 평가등급이 요구되는 시대가 되었다. 대학의 평가등급 취득은 자금 조달 등의 재정 운용은 물론이거니와 일반사회로부터의 평가 획득을 위해서 더욱 중요하다. 와세다대학은「AA+」평가등급을 획득한 상태인데, 대학의 입장에서는 보이지 않는 커다란 자산을 가진 셈이다. 앞으로 평가등급이 높은 대학에 우수한 수험생이 집중되는 시대가 도래하여, 대학의 자연 도태가 진행될 것이다. 국립대학이 평가등급을 획득하는 시대도 머지않아 도래할 것이다.

경영 그랜드디자인의 구축

일본의 사립대학은 전례 없던 큰 변혁의 시기를 맞이하고 있다. 주요 사립대학의 재무제표를 보면 명백하게 드러나는데, 매년도의 지출초과가 일상화되어 소비지출 초과액의 누적금액이 커져 버린 대학이나 막대한 부채를 껴안고 있는 대학이 존재한다. 이러한 재정 상황에서도 대학 경영이 가능했던 것은, 수입의 측면에서 18세 인구의 상승 경향에 수반한 입학검정료 수입이나 학비수입의 증가, 경영비 보조금의 착실한 증액, 기념사업에의 독지가 기부금, 고금리 수준을 기반으로 한 자산운용 수입의 증가 등을 매년 확실히 기대할 수 있었기 때문이다. 지금까지는 적자의 청구서를 뒤로 미뤄서라도 어떻게든 융통할 수 있었던 것이다.

하지만 오늘날 일본의 경제·사회 상황 하에서는, 수입의 측면에서 학비 인상에 많은 것을 의존할 수밖에 없는데, 결과적으로 학비 수준이 가계를 압박할 정도로 높아져서 학비 인상도 한계에 달한 상황이라고 판단할 수밖에 없게 되었다. 이제는 이미 대학을 둘러싼 환경이 격변했다. 사립대학은 수험생(고객)에게 선택 받는 입장이 되었고, 경비나 인건비를 삭감해서라도 재원을 염출하여 학생에 대한 서비스를 향상시켜 나가야 한다. 이러한 위기감은 대학의 구성원 전원이 공유할 필요가 있다.

따라서 앞으로 다가올 새로운 시대의 사립대학 경영에서는 지금까지의 구태의연했던 기득권익형 사고를 버리지 않으면 안 된다. 경영의 건전성이 없이 충실한 교육연구가 있을 수 없다. 교학으로부터 독립된 대학 재정을 확립해야 한다. 나는 그것을 「재정의 독립」이라 부른다. 이는 어떤 대학이라도 다를 바 없다.

학교는 운영하는 것이 아니라 경영하는 것이다. 교육 연구를 단단히 떠받치는 재정기반을 확립하기 위해서는 교무 정책과 재정 정책을 일체화시킨, 이른바 「경영의 그랜드디자인」을 구축하지 않으면 안 된다.

경영구조 개혁을 추진하기 위해서는 다음과 같은 사항을 검토해야 한다.

(1)수입구조의 개선

①대학원 교육의 확충

②평생교육의 추진

③기부금 획득의 강화

④외부자금의 도입

⑤사업수입의 확대

(2)지출구조의 개선

①교직원 인사·급여제도의 개선

- 급여체계의 개선
- 제반 수당의 개선
- 복리후생제도의 개선

②사무조직 슬림화·업무체제의 개혁에 의한 총인건비 비용의 삭감

- 사무조직의 통합·재편의 검토
- 아웃소싱의 추진
- 전 학교적 공통업무의 집중 처리화
- 시간외근무의 삭감
- 캠퍼스 관리 업무의 종합 관리화

③교육연구제도 등의 개선

- 연구비의 개선

• 담당수업 시간의 개선

이에 더해 필요한 것이 정보 공개의 추진이다. 앞으로의 대학은 민간기업과 마찬가지로 정보 공개를 하지 않으면 학생이나 사회로부터 지지를 얻을 수 없게 된다. 학교 산업이라는 시장에서는 경쟁원리에 따른 자연 도태가 매일 일어나고 있다. 각 사립대학이 자신의 존재를 시장에 어필하여 스스로의 위치를 확립해 간다면 그것이 대학교육 전체의 질적 향상으로 이어질 것이다.

교육적 부가가치의 향상

21세기의 사립대학은 학생이나 사회로부터 지금까지 이상으로 엄격한 평가를 받아 선택되게 될 것이다. 그 때문에, 교육연구기관으로서 학생을 위한 최대의 교육적 부가가치를 창출하기 위해 마음을 다해 노력해야 한다. 이러한 발상이야말로 21세기에 살아남을 대학이 갖춰야 할 조건이다.

지금까지의 대학평가에서는 수험생의 점수 편차치가 큰 비중을 차지하고 있었다. 하지만 앞으로는 제3자 평가나 「등급평가」, 시장에서의 순위 등으로 평가 방법이 다양화될 것이다. 그만큼 대학은 지금까지의 이상으로 학생이나 사회로부터 엄격한 평가를 받게 된다. 또한 대학 선택도 한층 엄격해질 것이다.

한편으로, 개성이 넘치는 교육을 받은 학생을 계속해서 사회로 내보는 일이 대학의 사명으로 주어지고 있다.

이러한 환경 변화에 대응하기 위한 방법은 학생에게 최대한의 「교육적 부가가치(EVA)」를 갖추게 하여 졸업시키는 것이다. 새로운 시대에 살아남을 대학인가 아닌가는 바로 이러한 EVA에 의해 결정된다고 해도 과언이 아니다.

대학에 따라서는 학생의 어학능력 향상에 힘을 쏟거나, 컴퓨터 교육을 충실하게 시키거나, 혹은 의과대학이나 치과대학, 음악대학이나 미술대학 등 대학 그 자체가 그 방면의 인재 육성에 특화되어 있는 케이스가 있다.

21세기의 대학에 기대하는 것은 훌륭한 샐러리맨이나 공무원 혹은 대학병원의 의사를 배출하는 것이 아니라, 넓은 시야와 열정을 가진 개성이 풍부한 인재를 배출하는 것이다. 이를 위해 대학 교원의 개발faculty development이나 교육·연구의 환경 정비를 위한 설비투자 등에 자금을 투입하고, 각 대학의 특색을 최대한 살려 학생 한 사람 한 사람의 교육 효과를 높일 수 있도록 경영을 위한 노력을 다하지 않으면 안 된다.

그렇다면 이를 위해 경영 측면에서는 무엇을 할 수 있을까?

우선은 대학의 기본적인 자세로서, 실무의 각 프로세스가 확실하게 로테이션될 수 있는 체제를 만들지 않으면 안 된다([도표20] 참조).

(1)전략

교무 정책·재정 정책은 다양한 형태의 전술로서 제시될 필요가 있다.

(2) 계획

【도표20】 경영·교육의 부가가치를 창조하는 시스템

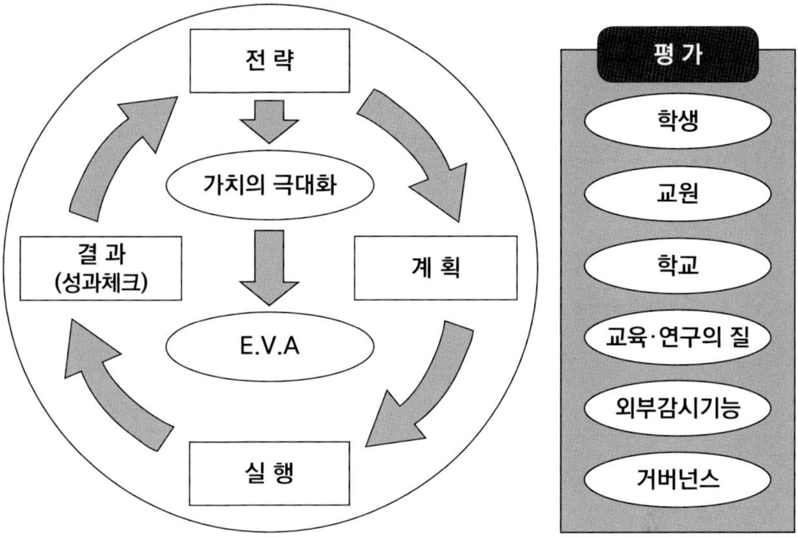

전략을 토대로 삼아 각 학부·대학원은 모든 계획을 구체화한다. 예를 들면, 커리큘럼의 개혁·새로운 학과의 설치 등 대학의 미션수행은 기업 이상으로 매니지먼트를 필요로 한다.

(3) 실행

각 단위별로 결정된 계획·입안을 현장에서 확실히 실행한다.

(4) 결과 확인result check

문제에 대해 위기 관리risk take를 행하고 있는가의 여부이다. 최종 책임자가 누구인지를 전혀 알 수 없는 케이스가 너무 많이 존재한다. 이것이 성과를 약화시키고 있다.

(5)점검·평가

수업의 내용, 교원평가, 학교평가 등의 다면적인 외부평가 기능을 가져야 한다.

이러한 순환 구조를 실천하여 그 효과가 나타나게 되면 대학이 가진 지식의 힘이 사회 전반으로 발신되게 되는 것이다. 이처럼 사회에 공헌할 수 있는 개성이 풍부한 교육을 받은 학생들을 계속해서 사회와 세계로 내보내는 것이 대학의 사명이다. 재정담당자에게 부과된 지상명령은, 이를 실현시키고 떠받치는 확고한 재무기반을 하루빨리 확립해 가는 것일 것이다.

교원과 직원 이중구조의 해소

지금까지 살펴본 바와 같이, 대학에 「운영」은 있었지만 「경영」이라는 개념은 누락되어 있었다. 「경영 감각」이 없는 대학은 냉혹한 시장 환경에서 경쟁에 의해 자연 도태될 것이다. ***"대학은 파산하지 않는다."***라는 신화는 완전히 붕괴되었고, 학교 산업이라는 시장 속에서 제3자 평가를 토대로 대학의 「등급평가」가 진행되고 있으며, '이긴 그룹'과 '진 그룹'이라는 양극 분화가 명확하게 촉진되게 되었다.

위기가 당면의 과제가 되고 있는 현재야말로, 국립대학의 법인화를 비롯해 대학에 「경영」을 뿌리내리게 하는 절호의 찬스이기도 하다. 일본의 기업은 다양한 위기를 헤쳐나가는 과정에서 기초 체력을 다져 왔다. 대학도 마찬가지일 것이다.

글로벌화의 흐름 속에서 대학의 자리매김을 생각할 경우, 대학 경영에는 책무Mission(대학에 주어진 사명)나 열정Passion(교육에 대한 열정)만이 아니라 패션Fashion(시대적 반영)이라는 사고방식도 필요하게 된다. 즉, 시대를 반영한 교육연구를 행하는 대학이 아니면 앞으로는 살아남을 수 없다.

그리고 대학이 살아남는 조건으로서 「유니버시티 거버넌스」의 유무가 중요한 포인트가 된다. 일부 경영진이나 교수회의 독단을 허용하지 않고, 한편으로는 눈앞의 이익에만 좌지우지되지 않으며, 교원·직원 등의 구성원에게는 공정한 기회를 부여해 가면서 대학의 책무mission를 달성해야 하는 것이다.

산업계에 몸을 담아온 경영인인 내가 외부에서 대학을 바라봤을 때 대학은 그 자체가 금속피로를 일으키고 있는 것처럼 보였다. 전후 60년이 조금 안되는 기간 동안 계속되어 온, 지식과 기술 주입식 교육에 주안점을 둔 수험점수 편차치 교육과 이를 토대로 한 대학의 서열화는 잘못된 것이었다. 진정으로 논해야 할 교육의 기본 문제나 철학·이념에 대해서는 잊고 있었던 것은 아닐까?

종래의 교육 시스템에 대한 변혁을 조속히 행하지 않는 한 일본의 대학은 세계 수준의 대학이 될 수 없다.

구체적인 개혁의 과제는 교원과 직원이라는 이중구조의 해소이다. 대학의 기본적인 구성원으로서, 교원과 직원이라는 역할을 달리하는 이중구조적인 인적자원에 의해 대학이 운영되고 있다.

교육연구를 직접 담당하는 교원은 학부나 대학원, 연구소 등 소속 기관을 메인으로 한 교육연구 활동에 쫓겨 좀처럼 학제적인 연구나 시대성이 풍부한 교육연구를 행하기 어려운 환경이다. 또한 교원 개인에 대해서는 학술논문이나 학회에서의 연구 성과 발표 등이 강제적으로 의무화되어 있지 않기 때문에 자칫하면 경쟁력이나 긴장감이 결여된 상황에 빠지기 쉽게 되어 버린다.

직원은 투철한 프로페셔널의 정신으로 전문성을 높여 대학에서 직원의 지위 향상을 도모하고, 넓은 의미의 「경영 능력」을 구비한 프로 집단으로 성장해 가지 않으면 안 된다.

대학 조직은, 지금까지는 대학의 자치나 학원 민주화 등의 이념이 지나치게 강조된 탓에 중앙집권형의 조직체라기보다는, 학부교수회나 각 부문의 관리위원회 등이 존중되고, 교학 조직과 경영 조직이라는 양극으로 분리 독립한 것 같은 구조를 나타냈다. 그러나 앞으로는 이러한 이중적인 조직구조가 국제경쟁력을 높여 감에 있어 걸림돌이 되지 않겠는가?

「재정의 독립」 없이 「학문의 독립」은 없으며, 「교육의 자유」는 실현되지 않는다는 사고방식이 나의 신조이다. 교학과 경영, 교원과 직원이 상부구조와 하부구조가 되어서는 독립이 불가능하다. 교학과 경영, 교원과 직원은 그야말로 차의 양쪽 바퀴와 같은 관계이다. 사륜구동 자동차처럼 힘차게 전진하는 공고한 체제를 만들어야 한다.

이러한 의미에서, 법인화된 국립대학의 운영조직은, 운용하기에 따라서는 하나의 이상적인 형태가 형성되어 있다. 총장을 중심으로 한 「임원회」가 핵심이고, 양 날개에 총장을 의장으로 한 「경영협의회」와 「교육연구 평의회」가 있으며, 나아가 독립된 감사가 문부과학성 대신에 의해 임명되어, 제3자 평가기관으로서 국립대학에의 「운영비 교부금」에 영향력을 가지는 「국립대학법인 평가위원회」가 존재하고 있으며, 교학과 경영이 독립해 있는 형태로 되어 있다.

사립대학을 설립하는 학교법인도 언제까지나 현행의 틀 내에만 머무르지 말고 철저한 조직 개혁을 단행해야 할 것이다. 다만 주의해야 할 것은, 조직이란 비대화되기 쉬운 존재이므로, ***"작은 것이 아름답다(Small is beautiful)."***는 기본이념을 잊어서는 안 된다.

학생을 위한 인센티브

대학이나 학생의 레벨이라고 하면, 흔히 수험생의 성적 커트라인이나 대학원 박사과정 이상의 대학원생이나 조교, 연구자의 연구실적 등이 예로 언급된다. 그러나 원래 가장 중시되어야 할 요소는 절대다수를 차지하는 학부의 교육과 그 연장선상에 있는 대학원 석사과정의 교육연구 수준이다.

대학의 대중화·대량생산화가 진행됨에 따라, 「고등보통교육」이라는 속칭에서 알 수 있듯이, 학부교육은 상대적으로 경시되기 쉽지만, 학부교육·기초교육·교양교육에 힘을 쏟지 않으면 일본 전체의 미래는 결코 밝지 않을 것이다.

원칙적으로는 매력적인 교육으로 학생 개개인의 의욕을 끌어내는 것이 중요하지만, 이는 형태가 없어 쉽게 눈에 보이지 않을뿐더러 경영자 측이 관여할 수 있는 문제도 아니다. 목표를 명확히 한다는 의미에서는 학업성적 우수자를 위한 장학금 제도(보장금)나, 해외유학 장려제도, 교직과정·법직과정과 같은 국가자격 취득 지원 등 학생들의 성취 의욕을 고취하는 제도를 적극적으로 완비하는 것이 중요하다.

개인적인 생각으로는, 실현가능성은 낮지만, 옛날처럼 완전한 「월반제도」가 있어서 20세에 대학을 졸업하는 것이 가능해진다면 학생들의 의욕이 물리적으로는 높아지지 않을까 생각하고 있다.

학년을 연장하는 학생이 많아 유급생 문제로 고민하는 대학 관계자가 이런 이야기를 하는 것이 이상할지도 모르지만, 글로벌화, IT화가 진행되어 세계 경제와 과학기술이 나날이 변혁하는 시대에 일본의 학생이 대학원 박사과정을 수료하는 나이가 지금처럼 27세이어도 과연 괜찮을까 하는 작은 의문이 든다.

현행 제도에서도 이론상으로는 「월반제도」를 이용해 24세 무렵에 박사, 22세 무렵에 석사가 될 수 있지만, 가능한 전공분야가 한정되어 있는 등 아직까지는 일반적이지 않다. 앞으로는 개인의 재능에 따라 20세 무렵에 「박사」가 될 정도의 인재를 세계에 배출해야 한다. 이를 위해서는 대담한 학제 개혁과, 학위나 취득학점 등의 제반 규정들에 대한 개선이 필요하다고 생각하고 있다.

학생들의 성적평가도 개선하지 않으면 안 된다. 학업성적의 평가 결과와 취업율 사이에 상관관계가 있음은 잘 알고 있지만, 현재의 학업성적 평가에는 인물평가라는 중요한 관점이 빠져 있다. 하기는 「평상점수」라고 해서 수업의 출결상황이나 학습태도 등이 반영되고 있으나 "성적이 나쁜 학생은 인물에도 문제가 있다."라고 말해버리면 그뿐일 수도 있다. 그러나 원래 학생을 평가할 때는 학업성적 이외에 그 학생이 대학에서 무엇을 배워왔는가, 무슨 생각을 해왔는가, 무엇을 할 수 있는가 등과 같이 인물 전체를 종합적으로 평가하지 않으면 안 된다.

예를 들어 영국의 칼리지[college]에서는 학생이 취업활동을 할 때, 학교 측에서 다각도로 학생을 평가해 학생 개개인이 사회에 나가 최대한 능력을 발휘할 수 있도록 적극적으로 지도한다. 학생 개개인의 능력과 본인의 희망 등을 감안해 최적의 직종과 직장을 추천하기도 한다.

유감스럽게도 현재 대학이 할 수 있는 학생평가는 주로 학업성적 평가와 졸업학점 취득의 결과뿐이다. 이것만으로 인생의 기로에서 중요한 의미를 가지는 취업이 좌우된다면 문제가 발생한다. 학업성적이 나쁜 학생을 두둔할 생각은 없지만, 앞으로는 대학이 학업성적뿐만 아니라 동아리 활동의 경험이나 학생이 개인적으로 취득한 자격증 및 어학능력(TOEIC이나TOEFL 점수 등) 등을 종합적으로 감안하여 「인물에 대한 전체적인 평가」를 할 수 있는 관점을 가질 수 있도록 검토하지 않으면 안 된다.

다행히도 2004년부터 시작한 와세다대학 국제교양학부 학생들의 TOEFL 평균점수는 전국의 대학 중에서도 최상위급의 고득점을 기록했다. 1학년 학생도 미국의 대학에 유학이 가능한 성적이었다.

제3자 평가의 도입

현재 대학이 안고 있는 문제에 대한 유용한 해결책은 외부 평가의 도입이다.

지금까지는 대학 내에서 자기 점검과 자기 평가가 이루어져 왔지만 앞으로는 미국처럼 시장의 「등급평가기관」 같은 제3자에 의한 외부 평가가 매우 중요한 역할을 할 것이다.

일본에서도 학교교육법의 일부 개정에 수반하여 2004년도부터 제3자 기관에 의한「인증평가제도」가 법제화되었다. 산업계와 학계의 기대에 부응하는 평가 제도를 도입하여 실시할 것이 강하게 요청되고 있는 것이다. 여기서는 독립적이고 투명도 높은 평가가 가능한지의 여부가 가장 큰 포인트이며, 이것이 향후 대학의 운명을 좌우할 것이다.

또한 우수연구센터(COE)이나「특색 있는 교육 프로그램」등의 채택 상황에 대한 정보 공개에 의해 있는 그대로의 대학 랭킹이 공표되는 것 같은 현황도, 외부로부터의 평가결과로서 전향적으로 받아들여 개혁의 용수철로 삼을 수 있다.

나아가 적극적으로「등급평가」를 획득하고, 외부 평가·제3자 평가를 자극제로 여겨, 대학이 교학과 경영의 양면에서 끊임없이 성장하려는 노력을 기울여야 한다.

특히 중요한 것이 외부 감시 기능의 충실화로, 이는 객관적 평가를 위한 심판의 역할을 한다. 외부의 감시를 받기 위한 대전제는 대학의 모습을 공개하는 것이다.

현재, 투자 등의 자금 운용과 관련해 사회책임투자(SRI)라는 개념이 정착되어 있다. 이 개념은 서양을 중심으로 확산되어 최근에는 일본에서도 특히 관심이 높아지고 있다. 이는, 종래에는 재무 분석을 중심으로 경제적 측면에서의 기업평가를 내리고, 이를 토대로 투자의 기준을 마련해 왔지만, 이에 더해 법령 준수(compliance)나 인권 문제, 소비자 대응, 사회 공헌, 지역 공헌 등의 논리적인 측면과 사회·환경 측면에서도 기업을 평가·선별하여 투자의 기준으로 삼음으로써 안정적인 수익을 지향하는 투자 기법인 것이다.

이러한 SRI의 사고방식은 대학 경영에도 그대로 적용 가능하다. 일상적인 교육연구 활동의 프로세스 속에 사회적 공정이나 논리성, 환경적인 측면이나 이해관계자에 대한 배려, 대학으로서의 설명 책임 등의 요소를 추가함으로써 대학의 부가가치를 끊임없이 높여 가려는 중요한 경영 전략이다.

또한 대학이라고 해도 경영법인의 하나이므로 시장원리에 기반한 대학 간의 경쟁이 엄연히 존재하고 있다. 이런 의미에서 보면, 엄격한 유니버시티 거버넌스가 요구되고 있다.

이제까지 일본의 학교 산업은 시장원리에 기반 한 자율적인 경영관리라고 하기보다는 행정기관의 감독 하에 각 대학이 비슷한 운영관리를 하여 왔다. 이러한 운영관리는 일본의 경제가 성장기에 있던 시대에는 분명 유용하게 작동했으며 그런 점에 대해서는 일정한 평가를 내릴 수 있다. 그러나 원래 시장의 움직임이라는 것은 불확실성에 의해 지배되고 있다. 예측이 불가능하며, 무엇이 어떻게 변화할지는 시장의 자율적인 메카니즘에 의해 결정되어진다.

그리고 시장에서의 「등급평가」 결과로 사회적인 평판도가 올라가면, 예를 들어 「등급평가」가 높은 사립대학은 학비가 다소 비싸더라도 우수한 학생이 많이 모인다. 이것이 시장원리이며 새로운 시대에 요구되는 학교 산업의 바람직한 모습이다.

그런데 일본에서는 이러한 시장원리에 입각한 사회적인 랭킹이 전혀 매겨지지 않아 마땅히 퇴출되어야 할 사립대학도 살아남아 있는 것이 현 상황이다.

수많은 미국 대학을 방문하며 얻은 내 경험에 비추어 보면, 미국에서는 앞서 말한 「등급평가」에 의한 심사·선별이 자연스럽고, 「아이비리그」에 속한 대학들의 우월성이 「등급평가」에 명백하게 반영되어 있다. 앞으로는 일본의 대학에서도 시장의 「등급평가」가 대학을 선택하는 하나의 지표로 여겨지게 될 것이다.

대학 입장에서도 글로벌하게 뻗어나가기 위해서는 정보 공개가 당연한 절차이므로 외부기관에 의한 평가는 매우 중요하다. 제3자 평가를 통해 더한층 대학 경영의 투명성을 높이고 대학의 진정한 모습을 널리 알려가는 것이 시대적 흐름이다.

교직원의 유동화 촉진

다음은 교직원의 유동화 촉진이다.

「유동화」를 횡단적인 옆으로의 움직임으로 생각해 버리면, 대부분의 교직원에게 이는 지금까지 별로 해당 사항이 없는 일이 된다. 대학은 종적이고 움직임이 적은 조직기구라서 대학 내에서는 이동이 별로 없었고, 외부까지 포함해야 비로소 파견이나 전근 등의 요란한 이동이 있었을 뿐이기 때문이다.

특히 대학 교원은 좀 더 부담없이 이동할 수 있어야 한다. 대학 간의 교환교원 제도나 공동연구, 프로젝트 형태의 연구소 제도만이 아니라 더 큰 이동이 필요하다. 예를 들면 5년간 대학에서 연구하고 강의해 온 교원이 6, 7년 차에는 국회도서관이나 해외 대학도서관에서 사서를 맡는다. 그리고 8년 차에 다시 대학에 복귀해 외부에서 쌓은 경험을 살려 계속해서 교육연구에 매진하는 것이다. 혹은 민간 연구소나 해외 싱크탱크에서 10년간 근무한 연구자가 11년 차부터 대학에서 강의하고 연구한다. 그리고 몇 년 뒤 다시 민간이나 해외 연구소 등으로 돌아간다. 이러한 역동적인 움직임이 가능해지면 일본의 교육연구 수준은 지금보다 향상될 수 있을 것으로 여겨진다.

아무래도 종신고용제도나 헤드 헌팅 등 각 대학이 처한 개별적 사정에 구애받기 쉽겠지만 학생과 학문, 연구 등 일본의 교육연구 전체의 이익을 최우선으로 삼아야 할 것이다. 가까운 미래에 교직원 유동화에 관한 규제 완화를 포함한 발본적인 검토가 이루어지기를 기대하고 있다.

이러한 유동화와 동시에 산학협력과 산업계의 지원도 확보하지 않으면 안 된다. 민간 기업으로부터의 위탁연구비나 기부금 등 외부자금의 도입이 촉진되면서 최근 들어 대학의 지적 재산을 활용한 산학협력의 필요성이 점점 높아지고 있다. TLO(기술이전조직)를 비롯해 대학의 연구 성과나 특허 등을 기업이 적극적으로 활용하도록 하기 위해 대학에서는 「지적 재산 본부」를 설치하여 적극적으로 산학협력을 추진하면서 외부자금의 도입을 꾀하고 있다.

또한 민간 기업과 대학이 공동으로 연구거점을 개발하거나 리서치 파크를 구성하는 등 그야말로 산·학·관·지역의 연계와 공생이 도모되고 있다.

대학은 수익 향상이 목적이 아니므로 교육연구 활동을 추진·고도화하기 위해서는 일반사회나 산업계로부터 지원을 받아야만 하는 조직체이다. 그래서 지원을 해주는 이해관계자를 늘 존중하고, 정보 공개를 철저히 하여 다양한 수요에 부응해 나가지 않으면 안 된다.

대학의 위기에 대한 대응

사회에서 활동하고 있는 사람이나 조직은 필연적으로 쇠퇴하기 마련이다. 본래의 대학의 사명이란 사람이나 조직이 쇠퇴하지 않도록 지적인 영역에서 이를 뒷받침하는 것이다. 내가 이전부터 ***"대학이 바뀌면 일본도, 세계도 바뀐다."***고 주창한 이유는 대학이야말로 변혁의 거점이 될 유일한 존재라고 생각하고 있기 때문이다.

그런데 그런 대학이 시대에 뒤처지고 쇠퇴하려 하고 있다. 최고의 교육기관이자 지식의 보고인 대학이 왜 변혁하지 못하는가? 그 원인은 사람에 있다. 대학이라는 좁은 사회 안에서 일상적으로 얼굴을 마주하는 구성원부터가 서로 미움을 사거나 적을 만들지 않으려는 경향이 크기 때문이다. 자신이 평안에 안주하는 한 변화를 추구하기란 불가능하다.

또한 개혁이라는 것은 기존의 조직에 구애받지 않고 조직을 일단 백지화한 다음 그 대학에 어울리는 색깔로 물들여가는 일이다. 최근 몇 년 동안 개혁이나 개선이라는 말이 대학 관계자의 입에 끊임없이 오르면서도 개혁이나 개선이 진행되지 않은 이유는 정작 개선해야 할 내용에는 손을 대지 않으려는 마음이 어딘가에 있기 때문이다. 와세다대학이 이처럼 어려운 변혁을 실현할 수 있었던 것은 재정 위기로 인해 「평안함」이 뒤흔들렸기 때문이다. 그로부터 10년, 위기는 어찌했던 벗어났다. 그렇다고 한다면, 규모가 크고, 사회적인 평가나 지명도도 어느 정도 있으며, 급여도 평균 이상인 와세다대학에 재직하고 있으면, 사람의 마음은 언제 예전으로 돌아가도 이상하지 않다.

나는 앞으로도 대학 개혁에 메스를 대고, 끝없이 개혁과 개선을 추진해야 한다고 생각한다. 개혁을 매일 쉬지 않고 실행하는 것이, 재정의 담당자나 다음 세대의 대학 구성원을 위한 말 그대로 '산 교육과 인재 양성의 장'이라고 생각하기 때문이다.

상황은 매우 위급하다. 최근 6년간 대학은 100곳 이상 늘어났다. 대학 설치가 현재의 인가제에서 등록제로 바뀌면 대학은 점점 더 늘어날 것이다. 반면에 18세 인구의 감소는 이미 예견된 일이다. 학교 수는 상승세인데 수험생 수는 하락세이다. 대학 정원보다 입학희망자 수가 더 적은 시대가 당초 예상보다 2년 빠른 2007년에 찾아온다고 한다. 대학이 학생을 고르는 것이 아니라 학생이 대학을 고르는 시대가 오게 되면 학생들의 지지를 받지 못하는 대학은 어떻게 될 것인가?

대답은 간단하다. 앞으로 수년 안에 도산의 압박을 받는 대학이 상당수 나올 것이다. 그때 희생자가 되는 것은 다름 아닌 선량한 학생이다. 학생을 구제하기 위해 어떻게 하면 좋을지를 고민하는 이는 아무도 없다. 이런 무책임한 사회체제로는 미래가 없다.

대학 도산은 현실의 문제인 것이다. 이를 피하기 위한 개혁이라고 한다면 교직원과도 진지하게 마주하지 않을 수 없을 것이다. 지금, 사회는 급속하게 변화하고 있다. 대학도 변화를 요구 받고 있다. 대학 경영은 중대한 기로에 서게 된다. 대학이 새로운 시대를 짊어질 가치를 창조할 수 있을까? 대학 자체의 존재 가치가 의심받고 있다고 해도 틀린 말이 아니다.

지금까지 논의해 온 것을 중심으로, 앞으로의 대학 개혁의 방향성을 제시하며 마무리하고자 한다.

일본이 해결해야 할 교육의 과제는 12개의 포인트로 정리할 수 있다. [도표21]과 함께 보면서 지침으로 여겨 준다면 좋겠다. 이들 모두가 21세기의 대학에 요구되는 사항들이다.

(1)교학과 경영을 분리할 것

(2)학생, 부모, 기부자, 지역사회 등 대학의 이해관계자에 대한 정보공유 책임을 다할 것

(3)재무회계의 투명성을 높일 것

(4)3C(코스트 마인드, 챌린지, 커뮤니케이션)를 대학 내에 확립할 것

(5)문부과학성의 행정 보호에서 벗어나 사회와의 연계를 강화할 것

(6)재정의 독립성을 높이고 재정의 기반을 안정화할 것

(7)지금까지 명확하지 않았던 교원채용의 기준을 확립할 것

(8)임기제, 종신고용 제도 등의 도입으로 교원 고용계약의 근대화를 도모할 것

(9)국공립대학과 사립대학이 서로 경쟁하는 시대에 국제적 기준에 따라 비교한다는 인식을 가질 것

(10)시장원리를 인식하고 학생에게 질과 부가가치를 낳는 교육을 제공할 것

(11)대학 입학 전 단계인 고등학교까지 의무교육으로 할 것

(12)초등·중등 교육 현장의 교사는 대학원 석사 자격을 취득한 자로 할 것

이러한 항목을 하나하나 소화하며 활성화 방안을 실행함으로써 일본의 사회·경제·문화를 발전시킬 수 있다. 대학 관계자에게 요구되는 자세는 이러한 커다란 역사적 흐름에 뒤처지지 않도록 변혁에서 주도적 역할을 하는 것이다. 대학으로서는 저마다의 전통과 개혁·혁신 사이에서 이율배반적인 싸움을 해야 하므로, 앞서 말한 데리다의 **"탈구축**[deconstruction]**"**이라는 사고방식을 가지고 이러한 큰 과제를 극복해야만 빛나는 대학의 미래가 있다고 믿고 있다.

[도표21] 일본의 대학을 둘러싼 환경의 변화
- 종래의 대학에서 새로운 대학으로의 모색

종래 일본의 대학

1. 대학이 학생을 선택한다.(편차치)
2. 난립하는 종합대학과 대학의 폐쇄성
3. "교수회"의 전횡
4. 매니지먼트의 부재와 무책임한 체제
5. 대학의 금속피로(경직성·위기감결여·뒤로 미루려는 주의)
6. 특수한 학교회계(이해하기 어려운 회계)
7. 보조금 의존 체질(재정의 의존체질)
8. 획일적인 문부행정과 획일적 교육
9. 세계 수준의 연구 부족(특히 문과계·사회과학계)
10. 교육의 경시……혁신의 부재

대학을 둘러싼 환경의 변화

- 국립대학의 법인화, 산업계의 효율성의 도입, 산·관·학의 연계
- 저출산과 정원 부족, 대학 도태와 시장논리의 도입
- 해외대학과의 경쟁, 해외대학의 일본진출

경쟁원리

새로운 대학의 모색

1. 교학과 경영의 분리
2. 대학의 투자자에 대한 설명책임 확대
3. 대학 재무회계의 투명성
4. 3C의 필요성(코스트 마인드, 챌린지, 커뮤니케이션)
5. 문부과학성의 행정으로부터의 탈피와 사회로부터의 지지
6. 재정의 독립과 재정 기반의 확립
7. 고교까지 의무교육의 확대
8. 교원자격기준의 명확화
9. 교원 고용계약의 근대화와 종신제 제도
10. 국공립대학과 사립대학 간의 공평한 경쟁

새로운 대학으로의 개혁

새로운 대학의 키워드		포인트
거버넌스	거버넌스 체제의 확립	• 교학과 경영의 분리 매니지먼트 • 총장의 권한집중과 집행능력의 강화 • 권고위원회의 창립(감시 기능) • 설명책임과 책임소재의 명확화 • 결과 확인
재정의 독립	재무체질강화	• 재정의 독립과 대학자원의 유효활용 • 대학모금의 창설과 확대 • 자금조달의 다양화·「등급평가」의 취득
	대학자산의 유효활용	• 대학의 지적자산 (TLO와 대학발 벤처) • 대학의 사회적 책임 투자 • 산학협동 • 지적재산의 증권화
투명성	공개	• 각 투자자에 대한 설명책임 • 교학과 경영의 정보공개 • 재무의 적시명시 • 분기별 보고
	웹에서의 명시	• 홈페이지 등에 의한 각종의 정보 공개
사회의 일원으로서	각 투자자와의 공생	• 특히 학생·부모·OB·다른 기부자 등 • 시민(보조금은 세금)
	대학의 사회책임 (USR)	• 「커뮤니티」사상 • 사회적 책임 보고서 • 유가증권보고서의 대학판
새로운 대학 구성론	총장·이사·교원·직원·학생의 새로운 구성과 그 바람직한 형태	• 대학 경영시스템과 관리시스템 • 교원과 직원의 효율화
	학생이 선택하는 대학	• 교육의 질 향상 • 학생이 대학에 요구하는 것(학생만족도의 향상) • 시대에 부응하는 커리큘럼
	교수와 조합의 바람직한 형태	• 교수·교수회의 역할 • 조합의 역할 • 사회상식을 바탕으로 한 검증
	교외와 해외로부터의 인재등용	• 산업계의 효율성 도입 • 외부 인재 도입 • 외부 위원회 멤버 초빙

마치면서

1994년 11월에 와세다대학의 이사에 취임한 이후 벌써 10년 동안이나 대학 재정을 담당해 왔다. 특히 1995년 9월부터는 재무담당 상임이사로서 재정 전반의 총괄을 맡아 대학 재정의 건전화를 위한 여러 시책들을 진두지휘해 왔다.

생각해 보면 취임 당시에 나를 경악하게 했던 390억 엔에 달하는 유이자 부채도 2003년도 말에는 약 200억 엔으로 감소했고, 9년간 전체의 2분의 1에 해당하는 190억 엔의 차입금 잔고가 줄었다. 현재 집행 중인 2004년도 예산에서는 추가로 약 25억 엔의 유이자 부채를 축소할 계획이라 이를 포함하면 취임 당시에 비해 유이자 부채를 60% 가까이 없앤 셈이다. 재임 중에 목표로 삼은 경영 책임을 일부라도 다할 수 있어서 지금 생각하면 감개무량하다.

당연히 차입금 등에 붙는 이자도 절정기에는 연간 22억 엔 가량 지불했던 데 비해 2003년도에는 약 4억 엔으로 크게 축소된 상황이다. 이런 점들을 종합해서 생각하면 그 경제효과는 상당할 것이다.

그리고 또 하나의 재정 과제였던 누적소비지출 초과액은 2003년도 말에 529억 엔을 기록하며 취임 당시의 예상했던 수치를 크게 밑

돌게 되었다. 이 또한 교직원 여러분의 협력 하에 한마음으로 수도광열비 절감과 기타 여러 경비의 삭감을 비롯한 재정 개혁 운동을 전개한 성과라고 생각한다.

여러 사정으로 내가 생각했던 재정 정책의 절반도 실현하지 못했지만, 대학 전체가 나서서 재정 개혁에 몰두했던 과정은 매우 의의가 깊은 일이었다고 생각하고 있다.

아무쪼록 앞으로도 계속해서 구조 개혁의 싹이 자라나서, 예리한 경영 감각을 토대로 새로운 시대에 걸맞은 확고한 재정 기반이 확립되기를 간절히 바란다.

우리 대학을 포함해 사립대학에는 수많은 보물 상자가 잠자고 있다. 그리고 그곳에는 아직 수많은 보물이 발견되지 않은 채 묻혀 있다. 어느 분야에 도전해 보물을 발굴할지는 우리들 교직원 한 사람 한 사람의 과감한 행동에 달려 있다. 노력에 따라서는 엄청난 광맥을 발굴할 가능성도 있다.

이번에 다이아몬드사의 좋은 뜻으로 지금까지 경험한 대학 재정을 종합하고 대학 경영에 관한 나의 기본적인 생각을 피력할 기회를 얻었다. 개인적인 견해나 생각을 이야기한 부분도 있을 것이라고 생각한다. 마지막에 글을 정리하는 과정에서 데이터 수집과 편집 등에서 다이아몬드사 편집담당자 여러분의 도움을 받았다. 진심으로 감사를 전한다.

또한 내가 직접 담당한 1995년도 이후의 재정 개혁과 재정적 과제 등에 관해서는 내 독단적인 의견을 기술했는데, 내가 실제로 담당해 애착이 큰 만큼 저술한 내용의 사실 인식에 오류나 객관적인 판단에서 벗어난 부분이 많을 것으로 여겨진다. 이런 점들에 관해서는 양

해를 구함과 동시에 솔직한 비판과 질정을 부탁드린다. 이 책은 나 자신의 자성의 기록이며, 기술한 내용이 향후 대학 재정의 건전성과 대학 경영의 투명성 확보, 다시 말해 유니버시티 거버넌스로 이어진다면 진심으로 기쁘겠다.

21세기 대학에 요구되는 사항은 20세기와는 다르다. 국내만이 아니라 해외 대학과의 경쟁이기 때문이다. 기업이든 대학이든 누구든지 더한층 엄격한 시장의 선별을 받는 시대에 돌입했음을 절감하지 않으면 안 되는 시대인 것이다.

2005년 1월 좋은 날

세키 쇼타로關昭太郎

첨부자료 1

대학 재정의 현황

1996년 3월 15일의 평의원회의에서, 1996년도 예산을 승인해 주셨습니다. 그 가장 가까운 문제들을 중심으로 와세다대학 재정의 과거·현재·미래에 관해 기술하는 것이 알기 쉬울 것 같습니다. 수치를 토대로 대학 재정의 현황에 관해 설명 드리겠습니다.

과거·현재의 다양한 숫자들과 대화하면서 얻은 감상은, 대학재정은 1991~1992년경부터 변화의 조짐이 나타나기 시작했으며, 그 징후는 1995년도에 이어 1996년도에 이르러 현저해지게 됩니다. 이는 충격적인 위기라 해도 좋을 정도입니다. 눈으로 보기에도 나쁜 상태이며, 대응이 늦어 매우 어려운 상태에 빠져 있다고 여겨집니다. 무엇 때문일까요? 대학 경영의 기본인 양 측면, 즉 ①교육 연구의 분야 ②재정에 관한 분야의 양 바퀴가 항상 대등하게 위치해야 하지만, 그 한쪽인 재정에 대한 위기의식이 결여되어 있다고 느낄 수 있었기 때문입니다.

지금 우리들이 대응하는 예산, 그리고 앞으로도 마찬가지로 역사의 선상에서 대응하지 않으면 안 될 재정상의 숫자는, 그 시대 시대를 반영하는 것이 되어야 합니다.

1996년도 예산 편성에 착수하면서, 이러한 사고방식이 드러나지 않고, 익숙해져 버린 고비용 체질의 대학 재정을 보았을 때, 선락후우先樂後憂의 논의가 되지 않을까 하고 염려하였습니다. 그러나 충분하다고는 할 수 없어도 대학 재정의 이른바 적자팽창(누적 소비지출

초과액의 증가)과, 이에 대한 적자(초비지출초과액) 줄이기에 착수하였습니다. 당초에는 쉽사리 재정 재건의 축을 발견할 수가 없었습니다만, 재정 재건의 축은, 우선 지출의 삭감, 즉 "수입을 생각하여 지출 계획을 짠다."는 점에 유의하여, 각 부서와 단위의 협력을 얻어 어떻게든 1996년도 예산의 작성에 도달하게 되었습니다([그림1] 참조).

되돌아보며 대학재정의 과거·현재·미래를 조용히 생각해보면, 성숙기의 정점을 넘어 내리막길을 내려가기 시작했다고 할 수 있을 것입니다. 따라서 재정 운영은 원점에 다시 서서 이제까지 수십 년을 이끌어온 제도 전반에 걸친 개선을 실시하고, 시스템의 개혁을 행할 필요가 있습니다. 이것들을 실천하지 않는다면, 아무것도 하지 않는 것과 마찬가지로, ***"앉아서 죽기를 기다리는 것"***이 되며, 대학의 미래는 없다고 할 수 있을 것입니다.

이제까지 말씀드린 것들을 토대로 대학 재정의 과거·현재·미래를 전망해 봅시다.

[Ⅰ. 과거=1984년도부터 1990년도까지]

이 기간은 우리들에게 앞으로의 대변혁을 시사하는 숫자로 되어 있습니다. 자산 인플레의 시대이며, GNP는 크게 신장했습니다. 또한 국제화의 요청에 응하기 위해 산업계는 크게 비약하였습니다. 대학 운영도 힘차게 진전한 시대입니다. 창립 100주년 기념사업도 완료하였고, 멋진 도서관을 중심으로, 교육연구를 위한 시설·설비에 대한 투자도 행해졌습니다.

이 기간 동안, 18세 인구도 168만 명에서 200만 명으로 32만 명이 증가하였고, 본 대학의 수험생 수도 14만 명에서 16만 명에 달했

【그림1】 1996년도의 소비수지 구성 비율

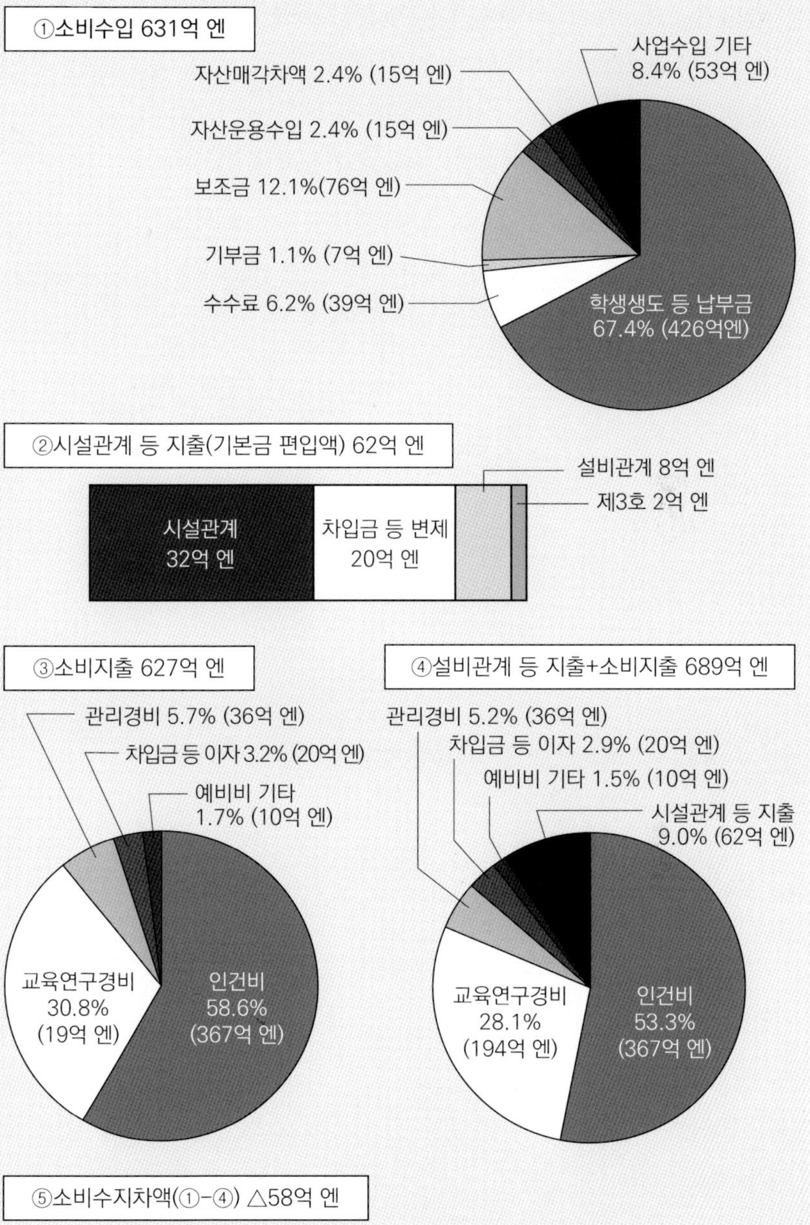

습니다. 학생의 납부금은 246억 엔에서 385억 엔으로 139억 엔 증가하였고, 국가로부터의 보조금은 60억 엔에서 70억 엔으로, 10억 엔 증가하였습니다.

소비수지 면에서는, 소비수입이 339억 엔에서 514억 엔으로, 175억 엔 증가했으며, 소비지출은 349억 엔에서 519억 엔으로, 170억 엔 지출증가를 나타내고 있고, 대부분의 지출과목도 인플레, 즉 필요경비+α로 증액되고 있다고 말씀드릴 수 있겠습니다.

[Ⅱ. 현재=1991년도부터 1995년도까지]

이 기간은 버블에 의한 일본 경제 파괴로 이어져 전후 반세기를 지탱해 온 개인·기업·국가의 일본적인 구조가 금속피로를 일으켜 꽉 막힌 시대입니다. 경제도 대학 운영도 디플레에 의해 앞으로 나아갈 수 없게 되어 매우 어려운 위치에 처하게 되었다고 하지 않을 수 없습니다.

그 증거를 이루는 것들은,

①토지, 주식에서 알 수 있듯이, 자산의 대폭 하락

②임금이 세계 최고가 됨.

③금융·산업·인간의 공동화 현상

④가격파괴가 급격하게 모든 물가를 직격

⑤상시 실업자가 250만 명(독일은 실업자 430만 명, 미국은 임금 파괴)

등이 있으며, 최근에 일본은, 구미의 합병증이 동시에 출현할지도 모른다고 하는, 대 변혁의 시대에 돌입했다고 생각하지 않으면 안 됩니다.

총장도, 지난 3월 25일의 졸업식 식사에서 ***"세계는 세기말을 맞이하고 있습니다. 본교도 또한 세기말의 한 가운데 있습니다. … 연대상으로도 상황적으로도 그야말로 세기말…"***이라고 말씀하셨습니다만, 저는 이러한 모습을 "20세기 총결산 실시 중"이라고 표현하고 싶습니다.

이러한 대변혁의 시대에, 그 동안 대학은 무엇을 했던가? -산업계는 피와 땀과 눈물을 흘려가며 현재도 실행 중입니다.- 그러나 대학은 상승기조에 있던 경제 상황에 길들여진 정책만을 실시해 온 것은 아닌가 하고 여겨집니다. 톱니바퀴가 역회전하고 있다는 것을 알아야 합니다. 1992년도 중반 경에 하나의 데드 포인트가 있었으며, 그 후 급속하게 괴리가 넓어졌다고 느껴집니다.

[대학 재정에 영향을 준 주된 것들]

첫 번째 특징은 수입의 하향기조입니다.

(1)입학지원자의 급감. 피크 때에 비해 4만 8천 명 정도 감소하여, 약 9억 엔의 수입이 감소하였다.

(2)학비 억제와 인상액 감소의 경향에 의해 수입은 현상 유지 정도가 되었다.

(3)자산운용수입은 피크 때 35억 엔이던 것이 1996년도 예산에서는 12억 엔밖에 편성되지 않아 3분의 1로 감소하고 있다.

두 번째 특징은, 교육연구 조건의 개선입니다.

(1)교원 수의 증가. 지금까지의 10년간 전임교원의 수는 1984년의 1013명에서 1995년의 1,143명으로, 130명 증원되고 또 비상근교원의 수도 1984년의 1,683명에서 1995년의 2,318명으로, 635

명 증원되었습니다.

(2)교육연구환경의 정비. 이는 가장 중요한 과제이며, 재정 상황이 힘들다고 해서 시설계획을 모두 뒤로 미룰 수는 없습니다.

(3)교직원의 처우 개선. 특히 특징적인 점을 추가하자면 교직원의 인건비이며, 5년간의 추이를 보면, 1991년도는 11억 엔 증가, 1992년도는 9억 엔 증가, 1993년도는 7억 엔 증가로 점차 억제되고 있습니다만, 1994년도에는 다시 8억 엔의 증가, 사회보험료의 개정이 있었던 1995년도에는 13억 엔의 증가가 예상되고 있습니다.

[Ⅲ. 미래]

1. 대학이 새로운 시대를 맞이하기 위해서는

역사의 선상에서 이제부터 맞이하지 않을 수 없는 21세기의 입구에 섰을 때, 지금까지 우리들이 경험한 적이 없는 사회구조가 출현하려 하고 있습니다. 이러한 시기의 대학 재정의 존재 방식, 즉 이에 대한 대응에 관해서는, 다양한 단면을 통해 검토를 꾀할 수 있겠습니다만, 이러한 이상한, 종래와는 완전히 다른 변혁인 것이라고 해야 할 변화에 대응하는 지혜나 마음가짐이 되어 있는지 의문입니다. 보고 들은 바로는, 이러한 이상하고 변혁하는 시대임에도 불구하고, 의외로 오랜 방식이나 기준으로 이에 대처하고 있는 것 같은데 그래서는 안 됩니다. 지금이야말로 유연한 대응과 탄력성 있는 관리체제가 강하게 요구되고 있지 않습니까?

2. 재정위기에의 대응과 기본부터 다시 세우기

(1)우선, 인구의 동태입니다. 18세 인구가 감소하면, 학생납부금

이 최대의 수입원인 대학은 경영의 위기를 맞게 됩니다.

(2)1995년을 포함한 10년간의 미래를 전망하는 것은 매우 모험적이지만, 구조개혁에 의존하지 않고 아무것도 손대지 않은 채 그대로 간다고 가정하면(어디까지나 가정으로서), 소비지출초과액의 누계는 101억 엔으로, 자본수지에 있어 다음 연도로 이월되는 자금은 230억 엔에서 250억 엔의 마이너스가 됩니다.

(3)앞의 (1)과 같은 상태를 고려하면, 2000년도에는 18세 인구 135만 명 가운데 본교에 입학하는 학생은 8만 명대로 감소하여 10억 엔의 수입 감소를 각오하지 않으면 안 됩니다. 경영을 할 수 없게 되어 버립니다.

(4)다음 세기에는, 지금도 그렇지만, 소비자만족 없이는 살아남을 수 없습니다. 이러한 시대 상황에서는 학생이 대학을 선택합니다. 대학은 사회가 요구하는 인재 만들기를 하지 않으면 안 됩니다. 추궁당하고 있는 와세다대학의 교육·연구 시스템은 어떤 것일까요? 이러한 역사적 상황 속에 놓인 대학은 과거의 유산만으로 살아갈 수 있겠습니까?

3. 재정 위기를 타개하기 위해

그렇다면, 재정 위기의 타개를 위해 우리들이 하지 않으면 안 될 것은 무엇일까요? 1995년과 1996년 2년에 걸쳐 약 17억 엔이 넘는 경비 절감을 실행하였습니다. 이러한 지출 삭감을 위한 노력에도 불구하고, 1996년도 예산은 단위연도 57억 엔 가량 적자(소비지출초과)가 되어, 1995년도 예산과 비교하여 20억 엔이나 악화된 예산을 편성하지 않을 수 없었습니다. 이러한 경향이 수년 이상 계속되면(계속될 가능성이 있습니다), 대학 재정은 문자 그대로 붕괴의 길을 걷게 될 것입니다.

이를 다음 연도에 넘겨줘야 할 지불자금의 추이를 통해서 보면, 최근 5년간, 자금은 1992년도 말의 180억 엔에서 1994년도 말의 172억 엔으로 매년 계속 줄고 있으며, 1996년도 말에는 124억 엔으로 감소할 것으로 예상되고 있습니다. 가루이자와의 토지 매각금 43억 엔 가운데 1996년 말에 1억 엔의 입금이 있으며, 잔액 42억 엔은 1996년도에 입금으로 될 것임에도 불구하고 1996년도 말에는 134억 엔(예상)을 뒤로 이월하는 데 불과한 상태인 것입니다.

1996년도의 신입생 전수금이 약 100억 엔이며, 1996년도에 지불해야 할 미지불금이 약 30억 엔 있기 때문에, 최저 130억 엔의 자금이 확보되지 않으면 안 되지만, 이 자금의 일부를 1995년도 중으로 다 써 버릴 지도 모르는 긴박한 모양새를 나타내고 있습니다.

이와 같은 자금의 수지구조를 통해 추이해 보면, 수년 안에 자금 쇼트가 오게 될 것입니다. 따라서 이러한 상태를 막기 위해서는 지금이 아니면 그럴 시간이 없습니다. 지난날 발족한 「재정개혁추진본부」가, 이를 받아들여, 대학의 모든 경비를 재검토하여 문제점과 그 해결책을 찾게 되겠지만, 여러분들 전원의 이해와 협력이 필요합니다.

현재의 상황을 개혁하기 위해서는 커다란 아픔이 수반될 것입니다만,

①단기적으로는 수년 안에 모든 경비들을 억제·삭감해 감과 동시에,

②장기적으로는 구조개혁을 진전시킬 것을 조건으로 삼아 모든 제도의 개선과 개혁을 행하며,

그리고 추산되는 다양한 항목들에 관해 수치적으로 input(여러 가

지 면에서의 합의가 조건이 됩니다만) 하는 것이 가능하다고 한다면, 앞서 말씀드린 2000년도의 수치는, 1999년에 있어 크게 개선되는 방향으로 채워질 것이라고 생각합니다.

그러므로 벼랑 곁에 섰던 대학재정의 위기를 하루라도 빨리 타개하기 위해, 재정 개혁을 실행하는 것은, 첫째 대학의 건전하고 안정적인 재정과, 교직원 여러분의 생활 안정과 만족으로 이어지게 될 것이며, 둘째 새로이 열려 나갈 시대에 대응할 수 있는 NEW WASEDA를 가능하게 할 것이라고 믿기 때문입니다. 이러지 않고 와세다대학은 21세기에도 존재할 수 있겠는가 하고 생각하기 때문입니다.

이상으로, 대학의 재정담당으로서 1994년 11월에 취임한 이래, 그리고 재무담당 상무이사로서 7개월 가량 재임하면서 느낀 가감 없는 소감을 말씀드렸습니다. 지금, 우리들은 이제부터의 대학을 위해 땀과 눈물을 흘리지 않으면 안 되는 것입니다. 왜냐하고 물으시면, 앞으로 희망에 부푼 가슴으로 와세다대학에 들어오는 사람들에게 이런저런 부담을 강제할 수는 없기 때문입니다. 위기에 처한 대학 재정은 우리들의 책임과 지혜로써 이를 극복해 가지 않으면 안 됩니다. 거듭하여 대학의 모든 구성원들께 각별한 이해와 협력을 부탁드리는 바입니다.

첨부자료 2

글로컬 유니버시티의 실현을 향해

-창립 125주년을 향한 대학 개혁의 기본적인 사고방식(1995년 11월/와세다대학 이사회)

> **편집부 주:** 오쿠시마 독트린으로 이름 붙여진 문서나 진술은 존재하지 않지만, 오쿠시마 전 총장의 개혁에 임하는 자세를 표명한 문서로서는, 와세다대학 廣報“CAMPUS NOW” 호외(제2444호)에 게재된 “글로컬 유니버시티의 실현을 향해-창립 125주년을 향한 대학 개혁의 기본적인 사고방식”이 상세하다. 여기서는 다음의 항목 가운데 “⑤붕괴하는 대학 재정의 재건과 대학 제반 제도의 개혁”을 옮겨 게재한다.

①「글로컬 유니버시티」를 향한 도전

②교육 연구의 새로운 전개

③현 캠퍼스 및 도코로자와·혼조 등 학교부지의 정비와 활용

④부속·계열 학교의 명확한 위치부여와 대학과의 일관된 교육 시스템

⑤붕괴하는 대학 재정의 재건과 대학 제반 제도의 개혁

⑥모금을 포함한 외부자금 도입을 위한 사무기구의 정비

⑦대학운영 전반의 투명화 실현

이상에서 서술한 시책을 어떻게 실현할 것인가에 관해서는, 그 재정상의 검토를 빠트릴 수가 없다. 여기서는 당면한 재정 정책 등에 관해 우리들의 기본적인 사고방식을 보여 드린다.

1. 직면한 재정위기의 실태와 재정파괴지수

(1)경험한 적 없던 수입의 하향기조-입학검정료·자산운용수입의 격감

와세다대학은 지금, 여러 가지 측면에서 개혁하지 않으면 안 될 문제가 산적해 있다. 그 개혁의 기본을 이루는 것이 재정인데, 그 재정의 상태가 구조적으로 위기적 상황에 직면해 있기 때문이다. 1994년도 결산 이후의 누적소비지출 초과액은 187억 엔이 되었다. 매년 거듭되는 적자누적에도 불구하고 대학 운영이 가능했던 것은 소비지출 초과액이 감가상각액의 범위를 넘지 않았기 때문이다. 즉, 본래는 장래에 있을 시설 등의 갱신을 감안하여 별도로 비축해 두어야 할 자금을 소비해 왔던 것이다. 이것이 가능했던 것은 이제까지 본 대학의 경상적 수입이 대체로 상승기조의 추이를 나타내 왔기 때문이다. 과거 10년간을 보면, 100주년 기념사업모금, 연구교육 강화사업 모금, 니시와세다 재개발사업에 의한 전출보상금 등의 입금이 있었으며, 자산매각 차액 등의 임시적 수입도 있었다. 이들 자금은 시설의 정비·확충에 충당되어 왔지만, 그 동안의 시설 갱신이나 개선에는 항상 충분치 못했다. 이 때문에 부족한 자금은 차입금으로 메우게 되어 1994년도 말의 차입금 잔고는 327억 엔에 달했다.

이러한 재정상황 속에서, 최근 수년 간 경상적 수입이 하향기조라는, 와세다대학이 과거에 경험한 적이 없는 상황에 직면하고 있다. 그리고 결국 1995년도 예산에서는 경상적 수입이 소비지출을 밑도는 예산을 짜기에까지 이르게 되었다. 입학검정료 수입과 자산운용수입의 격감이 경상적 수입의 하향기조에 박차를 가하고 있다. 1989년도에 16만 명의 수험생을 정점으로 본 대학의 학부 입학지원자의 수

는 감소를 계속하여, 입학검정료 수입이 격감하고 있다. 이러한 경향은 더 계속될 것으로 예측되어, 수년 후에는 8만 명 이하가 될 수도 있다는 점을 각오해 둘 필요가 있다. 나아가 계속 지속될 것 같은 저금리의 상황 하에서, 자산운용수입이 1990년도를 정점으로 감소하고 있기 때문에, 제3호 기본금 등의 제도를 유지하기 위해서는, 결과적으로 경상적 수입에서 이를 충당하지 않을 수 없게 된다.

이러한 연장선상에서 재정문제를 생각할 때, 중대한 위기에 직면해 있다고 인식하지 않으면 안 되며, 이를, 예를 들어, 와세다대학의 재정을 파괴하는 지수, 즉 수험료, 보조금, 수수료 등의 경상적 수입을 분모로 하고 인건비, 교육연구경비 등을 분자로 하는 비율로 나타내면, 양자 모두 이미 한계에 와 있다.

(2)학비, 보조금 수입의 현황

사립학교 재정수입의 세 가지 축 가운데 두 번째에 해당하는 것이 학비와 보조금 수입이다. 학비에 관해서는 제반 정세 등으로 인해 기본적으로 억제를 꾀하지 않을 수 없다. 국고보조금도 1개 대학당 액수를 보면 증가경향은 보이지 않는다.

1994년도부터 학비 인상이 정액 점증 방식에서 정률 슬라이드제로 이행했지만, 인상폭의 억제를 기본으로 삼아 1997학년도 입학생까지의 학비를 결정했다. 그 이후로도 이러한 사고방식을 크게 바꾸기는 곤란할 것으로 예측된다. 또한 제2의 커다란 재원인 국고보조금은 여전히 억제 경향에 있으며, 앞으로 대폭적인 증액이 있을 것을 전제로 한 재정 전망은 서지 않는다.

(3)부속사업·수익사업의 전개

이전부터 대학은, 특히 18세 인구의 극감에 의한 입학검정료 수입의 감소를 예측하여 수입의 다각화를 꾀하기 위해, 수탁사업, 확장사업 등의 확충이나 수익사업·토지신탁사업의 새로운 전개에 나서 왔다. 그런데 이들 사업도 일본 경제의 상황과 무관한 것이 아니라서, 당초에 예정되었던 것보다 낮은 수입에 머물고 있다. 재정 위기 타개에 일조하기 위해 이러한 학비 이외의 수입을 늘려야 하며, 이를 위해서는 확장사업의 확충이나 전문학교의 개조 등에 앞으로도 더욱더 매진할 필요가 있다. 하지만 단기적으로는 대폭적인 수입증가를 꾀할 수가 없다. 본 대학을 경영해 가기 위해서는, 이제까지 수입의 3대 축이었던 학비, 보조금, 입학검정료 이외에, 그 부족분을 때마다의 모금으로 뒷받침하는 체제도 무너지고 있다는 점을 인식하지 않으면 안 된다.

(4)매년 증가하는 소비지출의 구조

경상적 수입이 하향기조의 경향을 나타내는 데 비해 소비지출은 증가 일변도에 있다. 양자의 과거 10년간의 추이를 보면, 경상적 수입은 1984년도의 389억 엔에서 1994년도의 611억 엔으로, 10년 사이에 222억 엔, 비율로 보면 57% 증가하고 있다. 이에 대해, 소비지출은 1984년도의 349억 엔에서 1994년도의 615억 엔으로, 266억 엔, 비율로는 76% 증가하고 있어, 소비지출의 증가가 경상적 수지의 증가를 44억 엔 상회하고 있다. 이는 교육연구 조건이 개선되었다는 증명이라고도 생각할 수 있지만, 경상적 수입의 신장이 있었기 때문에 비로소 가능했다고 할 수 있다.

그런데 사립대학의 성격상 당연하기는 하지만, 지출의 최대 부분을 차지하는 것은 교직원의 인건비이다. 이는 말하자면 고정비인 것이다. 과거 10년간의 평균으로 매년 약 11억 엔이 증가하고 있다. 또한 대학이 교육·연구 조건의 개선에 노력하면 할수록 통상 수입의 증가는 거의 없고 교육연구경비만 증가하는 구조가 되어 있다. 예를 들어, 시설의 확충·정비에는 거액의 자금을 필요로 할 뿐만 아니라 준공 이후에도 청소·관리·경비 등의 위탁비나, 광열·수도비 등의 러닝 코스트의 증가를 수반하지만, 시설이용에 따른 직접적인 수입증가는 이루어지지 않는다. 덧붙이자면, 이들 경비는 과거 10년간 평균으로, 매년 14억 엔의 증가를 나타내고 있다.

최대의 문제는, 경상적 수입의 격감에도 불구하고 소비지출은 증가하는 구조적인 상황으로 인해 1994년도의 결산에서는 마침내 소비지출이 경상적 수입을 초과하게 되어 버렸다는 것이다. 이처럼, 전년도에 비해 경상적 수입은 완만하게 증가했음에도 불구하고 지출이 그것을 상회하여 매년 증대한다고 하는 와세다대학의 기본구조를 근본적으로 전환하지 않는 한, 재정은 가속도적으로 파괴되어갈 것이다. 아직까지도 모든 흐름이 상승기조의 경제에 길들여져, 머리도 몸도 전환이 불가능한 상태에 있기 때문이다. 이러한 위험신호는 연도 말의 결산 시에 다음 연도로 이월할 자금이 감소하는 사실을 통해 발신되고 있다. 발밑에 눈을 향하면, 와세다대학 재정기반의 약점이 명료하게 보이며, 와세다대학 경영의 좌표축이 흔들리기 시작했다고 말하지 않을 수가 없다. 수입의 상승기조를 전제로 한 시스템의 존재 방식, 바꾸어 말하면, 시스템이라는 금속이 피로해져 있는 상태를 조속히 개선할 필요가 있다.

2. 대학의 제반 제도의 개혁과 낭비 없는 경영의 실천

(1) 외부자금의 도입

이러한 재정 상황 하에 있더라도, 앞서 서술한 바와 같은 교육연구의 충실이나 새로운 전개를 그만둘 수는 없다. 왜냐하면, 우리 와세다 대학이 새로운 세기를 지향하여, 사회의 요청에 응답할 수 있는 인재를 배출하기 위해서는 설비투자가 필요하기 때문이다. 미래를 전망한 신규 사업, 특히 국제화, 정보화와 관련된 교육연구사업에 관해서는 긴급하게 이를 추진할 필요가 있다는 점은 앞서 서술한 바와 같다.

이를 위해서는 관과 민으로부터 자금 원조를 끌어들일 노력이 필요하다. 그러나 A·B·C동을 비롯한 새로운 학생회관의 건설을 중심으로 하는 니시와세다 캠퍼스의 정비에 관해서는, 오오쿠보·도야마 캠퍼스 정비와 마찬가지로, 교우, 학부모, 교직원을 비롯해 기업·단체 등에 상시적으로 모금 등에 협력해 줄 것을 바라지 않을 수 없다.

하지만 지금의 경제 상황 하에 있어서는 외부로부터의 자금으로 새로운 사업에 필요한 경비를 전액 충당할 것이라는 예측은 서지 않는다.

(2)예산 배분의 중점화

각 학부에서 진행되고 있는 커리큘럼의 개혁, 예를 들어 소수인원 교육, 지도그룹의 충실 등을 도모하기 위해서는, 교원 수를 늘리고. 클래스의 정원을 줄이는 한편으로 소규모 강의실과 연구실을 증설할 필요가 있다. 교원 대 학생 수의 비율 등을 개선할 뿐만 아니라 대학원생을 위한 시설의 정비도 시급을 요하는 개선 과제이다.

기존의 학부 등 이들 교육연구의 개선에 필요한 자금을 직접 보조금으로 충당할 수 없는 현재, 이를 대학 경상비의 변통을 통해 염출

하는 것이 우선 문제가 되고 있다. 즉, 경상비 예산의 항목을 재점검한 다음, 억제할 것은 억제해 가며, 교육연구의 충실과 활성화로 이어질 계획에 중점적으로 배분해 갈 것이 필요하다. 요컨대 「사람·물건·돈」의 밸런스를 맞추는 것이 가장 중요하다.

(3)대학 제반제도의 개혁과 효율적인 업무

이상과 같이 수입과 지출을 꿰맞춘 현재의 상황에서, 대학 제반 제도의 대개혁이 동시에 문제시되고 있다.

예를 들면, 시행 후 30년 이상 경과한 교원급여제도, 복잡다기하게 걸쳐 있는 부가급부를 포함한 제 수당, 수년간 개선 논의의 와중에 있는 재외연구원·국내연구원 제도, 나아가 정년연령이나 부속고교 교원의 존재 방식 등도 일단 총 점검하여, 이제까지 쌓여 온 역사를 탈피해 시대의 변화에 대응할 수 있는 시스템으로 재편해갈 필요가 있다. 타 대학 출신자나 외국인을 포함한, 다음 세대에 와세다대학을 짊어질 교원들이 매력 있고 개방적이며 합리적이라고 여길 수 있는 제반 제도를 도입할 필요가 있는 것이다.

또한 다음 차수(제2차)에서 제언되고 있는 바와 같이, 학내 제 기관의 자기완결형 종적구조를 개선하여, 각각의 담장을 낮출 필요가 있다. 이렇게 함으로써, 전 학교 공통과목이나 학부 간 상호교차과목을 활용하여 중복되는 과목을 정비하거나, 혹은 공동사무소의 증설이나 시설의 공동 이용 등을 추진하여, 이른바 낭비를 없앨 필요가 있다. 이상에서 서술한 바와 같이, 힘든 재정 상황 속에서 양에서 질을 중시하는 대학 개혁을 추진하기 위해서는, 종래의 습관이나 관례에 얽매이지 말고, 전 학교의 지혜를 결집하며. 내·외에 걸친 경쟁 원리를 도입하는 등 대담하고 참신한 발상으로 대학 제반 제도의 개혁을 행하지 않으면 안 된다. 이러한 개혁이 이루어지지 않고 구태의연한 정책이 계속된다면 커다란 부작용이 발생할 것이라는 점을 알아두지 않으면 안 된다.(출처: 「CAMPUS NOW」 호 외·제2444호)

와세다대학의 개혁
재정의 독립 없이 학문의 독립 없다

초판 인쇄 2020년 3월 20일
초판 3쇄 2020년 12월 21일

원표제 와세다재생 早稲田再生
원저자 세키 쇼타로 關昭太郎
번역자 전호환
교정·교열 정연숙
디자인·편집 배영미

발행인 차정인
펴낸곳 부산대학교출판문화원
출판등록 제1983-000001호 1983. 11. 10
부산광역시 금정구 부산대학로 63번길 2 (우편번호46241)
대표전화 051-510-1932 팩시밀리 051-512-7812
https://press.pusan.ac.kr

ⓒ 전호환, 2020. Printed in Korea

ISBN 978 - 89 - 7316 - 661 - 9 (03320)